結果を出す人のPDCA100の法則

A COMPREHENSIVE GUIDE TO THE PDCA CYCLE

最強の目標達成仕事術

鹿野和彦
KAZUHIKO KANO

日本能率協会マネジメントセンター

はじめに

コロナ禍で成果を出す

新型コロナ感染症が私たちのくらしや仕事を大きく変えました。仕事でいえば、リモートワークが普通に行われるようになりました。オンラインでの会議や打ち合わせ、飲み会までもがパソコンやスマホなどを介して行われています。コロナ禍によって、仕事は人と人とのつながりがあって回っていることを改めて知らされる思いです。

ただ、コロナ以前は何かあればすぐ近くの人に確認をとったり、お客さんからクレームが入ればすぐに飛んでいって謝罪するということができたのですが、それが思うようにできません。

新型コロナが終息すればまたもとに戻るだろうという人もいますが、オンラインで済む仕事の便利さに慣れつつある現在、どうやらコロナ後は対面とオンラインの使い分けでの仕事スタイルが普通になっていきそうです。

ただ当面は、いまの仕事の仕方に少し不自由を感じながらも、いかにこの状態でパフォーマンスを上げていくかを考えなくてはなりません。

成果を出すためのPDCA

出社と在宅での勤務のバランスを取りながら、自分の役割を確実に果たすには、これまで以上の自己管理が重要になってきます。

そこで使えるツールが、継続的な業務改善手法として誕生し、いまでは目標管理手法として定着している「ＰＤＣＡ」です。

ＰＤＣＡは目標を数値で設定し、その目標を計画的に達成していく過程のなかで実行する業務を決め、最終的に目標が達成できたかどうかを検証して、次の仕事につなげていくものです。通常は1年ごとに設定した目標を着実に達成するための手法として活用されますが、最近では四半期ごと（3カ月ごと）や月単位など短期の目標管理で導入し成果を上げている例もあり、超高速で回すＰＤＣＡが話題になったりしています。

本書の役割

ＰＤＣＡは目標達成を論理的に進めるツールなので、きちんと運用すれば計画どおりに最終ゴールまで到達することができます。ただ、人間はどうしても易きに流れる生きものです。途中で少し手を抜きがちにもなります。

そうした緩みが出たときに軌道修正するものがあればいいのですが……、ということで本書は企画されました。ＰＤＣＡの段階ごとに必要な知恵やテクニックを１００項目用意しました。

第1章から第5章までを読み通してＰＤＣＡの全体像を知るということのほか、目次を見て、必要なページを開くという使い方もできます。

本書が、様々に変わりつつある働き方のなかで、皆さんが自分の役割をしっかりと果たして成果を上げるためのお役に立てることができれば、筆者望外の喜びです。

結果を出す人のPDCA100の法則◎目次

第3章 《Do：実行》すぐにとりかかる！

第5章 《Action：改善》改善策を打ち出す！

第1章

PDCAを上手に回そう！

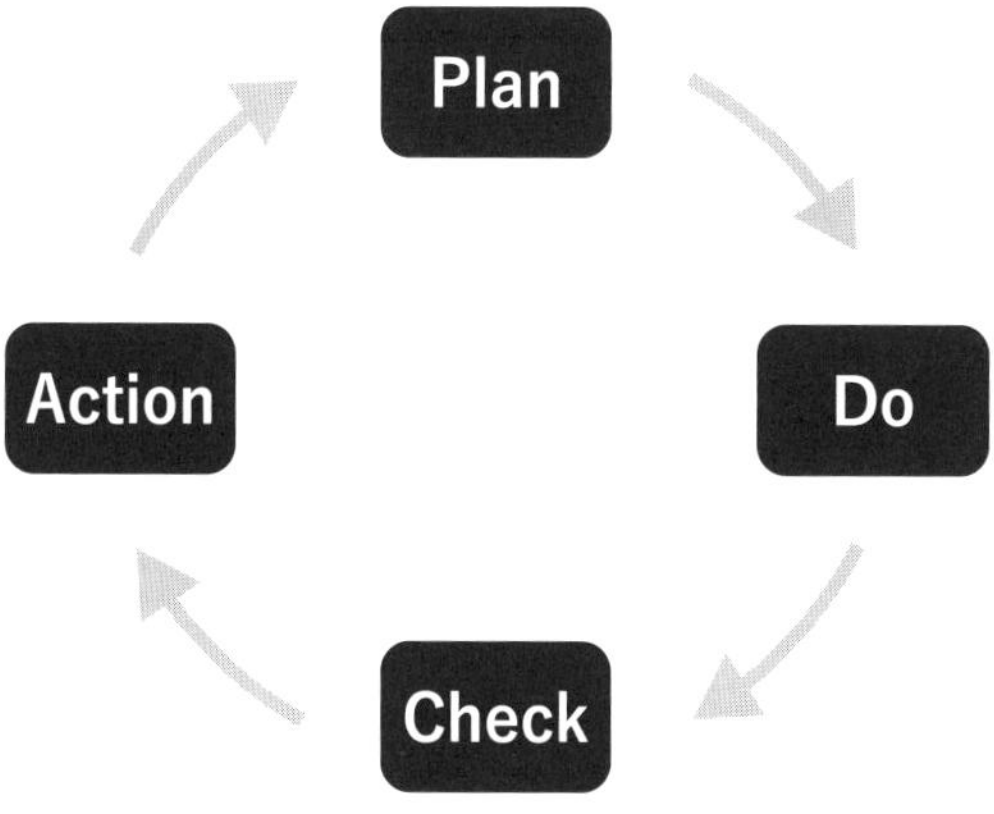

001

目標管理とPDCA

PDCAが身につくと目標管理力がレベルアップ

●「PDCA」で計画的に結果を出す

働く人にとって「PDCA」は、仕事を早く終わらせ、着実に目標を達成するために便利なツールです。どんな仕事にも、期日や売り上げなどの目標があります。それを計画的に進めることがビジネスパーソンの役割です。

そのために使われている目標管理手法が、PDCAです。PDCAは**Plan（計画）**、**Do（実行）**、**Check（評価・検証）**、**Action（改善の実行）**の頭文字から取った呼び名です。期待された役割について計画を立て実行し、それまでのプロセスを検証してより良い成果を上げるためにスキルを向上させていく、この**計画→実行→検証→改善という流れで仕事を進めることで計画的に目標達成ができる**ようになります。

PDCAは、品質管理研究の第一人者である米国のエドワーズ・デミング博士が統計的品質管理の父といわれるウォルター・シューハート博士の手法をもとに生み出した品質管理に関する理論です。日本で使われた当初は工場などの製造現場における品質管理手法の1つでした。現在では、製造現場だけでなく、全社的な目標管理や業務改善への活用や仕事スキルの向上に使われています。

[PDCAは目標管理の基本]

P=Plan(計画)
目標達成に向けた
計画を立案する

D=Do(実行)
計画に基づき、
実行する

C=Check(検証)
計画と実際の成果の
差異を分析する

A=Action(改善)
検証結果をもとに、
改善計画を立てる

[PDCAは回し続けることが重要]

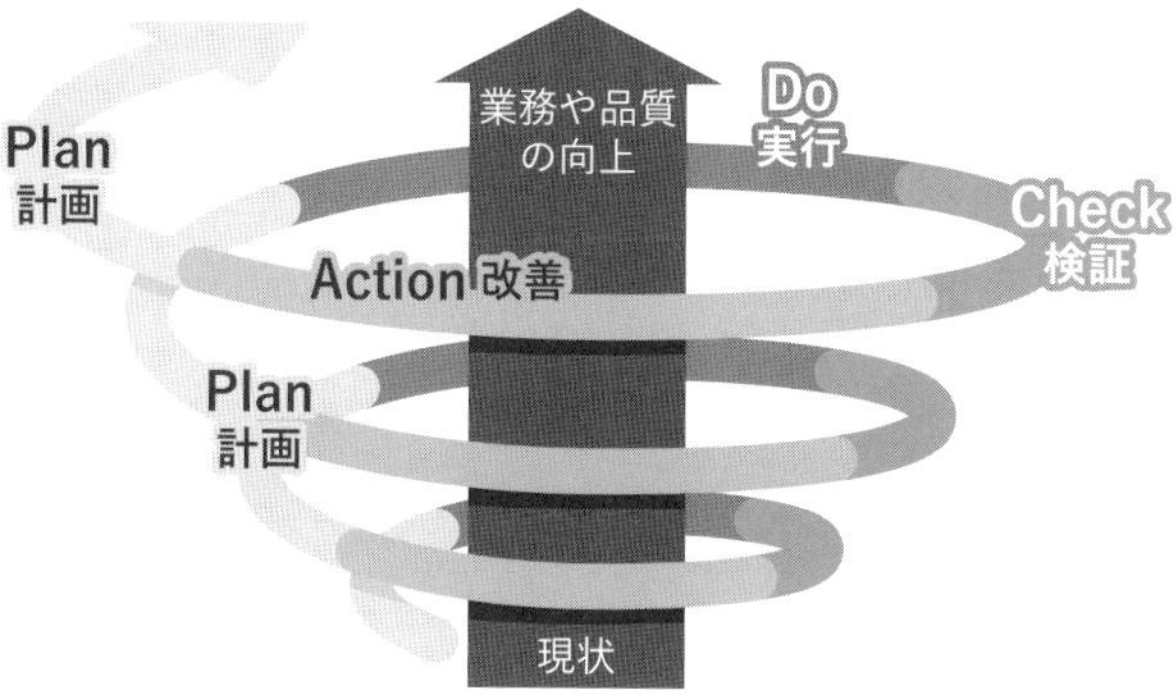

具体的行動

いま担当している仕事について、「計画→実行→検証→改善」のPDCAの考え方に従って計画的に完了させる。

002

リモートワークとPDCA

自律的な働き方のための計画→実行→検証→改善

●リモートワークで増える自己責任型の働き方

働き方改革や新型コロナ感染症がきっかけとなり、新しい働き方が急速に進んでいます。なかでも働き方を大きく変えたのがリモートワークです。オフィスへの出勤を抑え、自宅やサテライトオフィスで働く人が増えています。

リモートワークと従来のオフィスワークの違いは、仕事中に職場の人たちが身近にいるかどうかです。これまでだと、何か問題が起これぱオフィス内で上司や同僚に相談できたのに、リモートワークでは相談相手はそばにいません。また、上司側では部下の仕事の様子が見えず、的確に指示できずに困る人が増えています。

つまり、リモートワークでは上司や周囲に頼ることができないので、自分で判断して行動しなければなりません。そのため、今後働く人たちは仕事の裁量が増えていきますが、そのぶん成果を出すことの自己責任の比重が大きくなっていきます。

こうした職場では、**自分の役割を正しく理解し、主体的に業務計画の立案→実行→検証→改善を繰り返す、つまりPDCAサイクルを回して結果を出す、自律的な仕事習慣を身につける**必要があります。

[リモートワーク時代の特徴]

［メリット］
□ 働く場所を選ばずに、仕事ができるようになる
□ 通勤と退勤がなくなり、時間に余裕ができる
□ 周囲とのやりとりから解放され、仕事に集中できる

［デメリット］
■ 問題やトラブルが発生しても、周囲に相談しにくい
■ 他者の仕事の進捗がわからず、全体の進行調整が難しい
■ 気軽に情報交換できない。孤立化、ストレスがたまる

[リモートワーク時代のワークスタイル]

仕事内容や果たすべき成果が明示される
↓
課題を正しく理解し、自ら業務計画を立てる
↓
業務計画に沿って行動し、日々進捗状況を確認する
↓
上司と部下が短いサイクルで面談し、状況を報告・相談する
↓
報告・相談事項を踏まえて軌道修正を図り、改善する

具体的行動

職場のなかでの自分の役割と仕事を再確認し、計画→実行→検証→改善のPDCAサイクルを回す習慣を身につける。

003

働き方改革とPDCA

ムリ・ムダ・ムラをなくし、生産性を上げる

●労働時間の短縮と生産性の向上に必要なPDCA

２０１９年４月に「働き方改革」関連法案が施行されたことで、長時間労働の是正など、仕事スタイルはこれまでとは大きく変わっていきます。

たとえば、それ以前は普通に行われていた残業は時間の上限が規制され、残業申請が厳しくなりました。その結果、会社には申告せずにサービス残業を行ったり、仕事を途中で切り上げたりするなど、働き方が制約されたと思う人も少なくありません。

しかし、働き方改革＝労働時間の削減ではありません。過労死の問題やワークライフバランスなどが残業時間規制を推進させましたが、重視されるのは生産性の向上です。**働き方改革の目的の１つは、労働時間の適正化と生産性向上の両立**にあります。

●仕事の進め方を変えるためのPDCA

限られた時間で生産性向上を図るために必要なことは、業務のムリ・ムダ・ムラをなくすことです。これまでの仕事の進め方を見直し、効率的な方法や手順をもとにした計画を立案して実行する。これはＰＤＣＡと一致した考え方です。

【 働き方改革とPDCA 】

働き方改革のポイント

●労働時間の短縮と生産性向上の両立

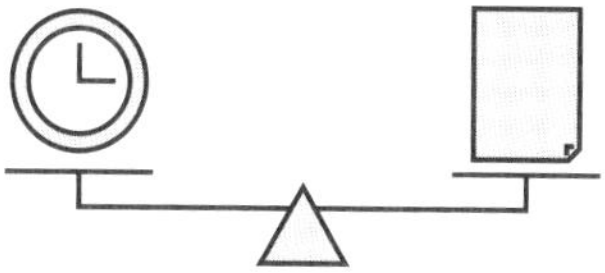

実現のためのポイント

●業務のムリ・ムダ・ムラをなくす
●新たな業務遂行計画を立てる
●ＰＤＣＡを回し続けて業務を効率化する

具体的行動

現在の仕事のやり方でムリ・ムダ・ムラを洗い出し、もっと効率的なやり方や手順に変えられないかを考えてみる。

004

チームワークとPDCA

チーム全体の計画をメンバーが共有できる

●メンバーで目標を共有することの意味

チームワークとは何でしょうか？　メンバー同士が仲が良いことでしょうか？　チーム内のコミュニケーションが良好なことでしょうか？

ビジネスにおける**チームワークとは、チームに与えられた目標をメンバーが正しく理解し、かつ自らの役割を知って、共有のゴールをめざすこと**です。

それには、業務の進捗状況をメンバー同士が把握していることが条件です。想定外のことが起これればメンバーが状況を共有して、修正のために協同することがチームワークの基本です。

●PDCAをチームで行うことで目標は達成される

多くの場合、仕事はチームで行います。PDCAもメンバーそれぞれがバラバラに行うのではなく、チームとしての目標を全員で理解し、全体の業務遂行計画を立案して結果を出していきます。**全体の業務計画を、誰がどのような役割を担うのか、個別の業務計画に落とし込むことでチーム目標は達成されていきます。**

［ チームワークが成立する前提条件 ］

- □ メンバー全員が、目標（課題）を正しく理解している
- □ メンバー全員が、業務遂行計画を正しく理解している
- □ メンバーそれぞれの役割、業務内容が明確になっている
- □ メンバーそれぞれが適切に業務計画を立案し、それがメンバー間で共有されている
- □ メンバーそれぞれの遂行状況が共有され、適切にコミュニケーションがとれる環境が構築されている
- □ 想定外の状況が発生したときの対応ルールが定められており、メンバーが適切な行動がとれる

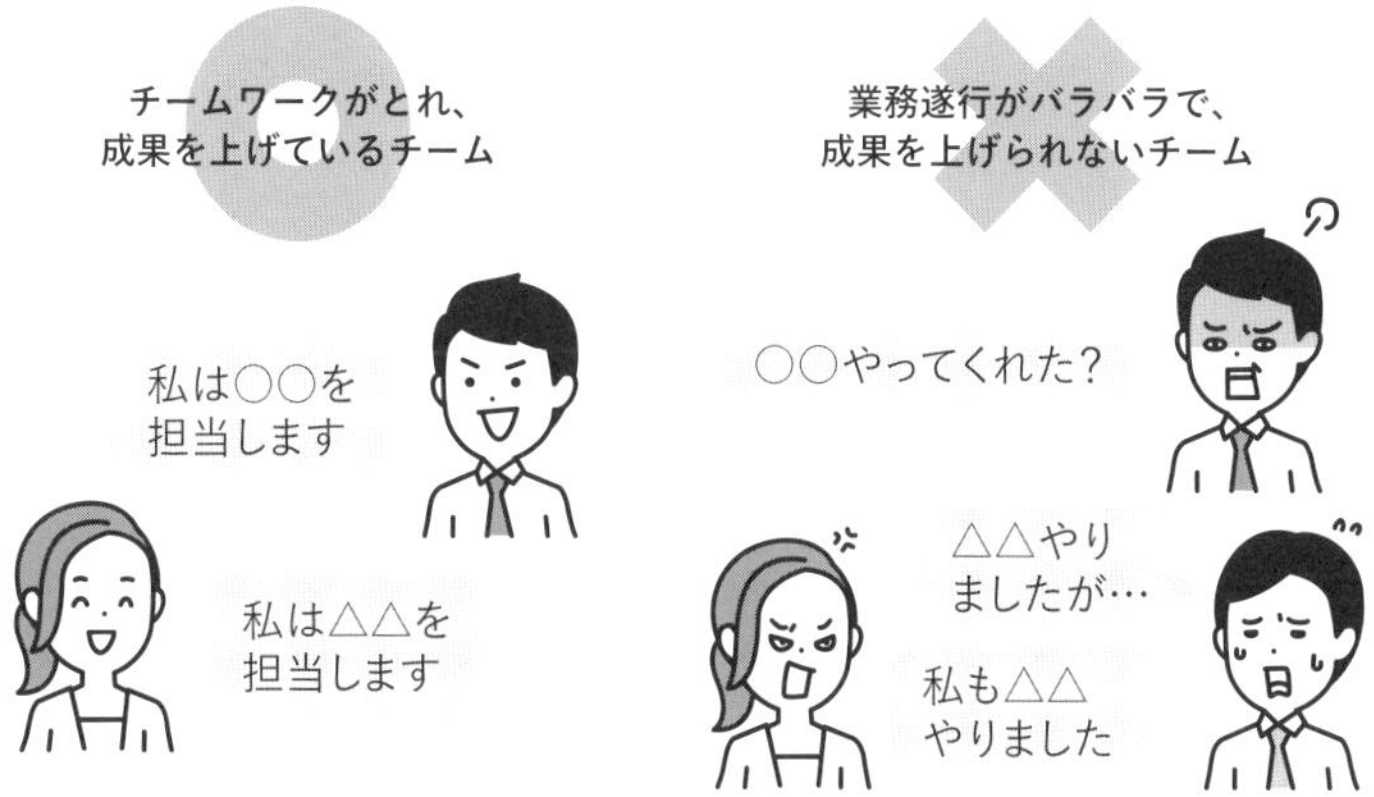
チームワークがとれ、
成果を上げているチーム
私は○○を
担当します
私は△△を
担当します
業務遂行がバラバラで、
成果を上げられないチーム
○○やってくれた？
△△やり
ましたが…
私も△△
やりました

具体的行動

チームとしての目標を確認し、その中で自分の役割は何かをノートなどに書き出し、やるべきことをチェックする。

005

仕事以外のPDCA

PDCAの習慣化で、仕事と私生活が計画的になる

●振り返る習慣が身につく

PDCAは計画→実行→検証→改善を繰り返すことからPDCAサイクルといわれます。**PDCAの良い点は、やりっ放しにしないことで計画力が上がり、振り返りを習慣にすることで仕事のやり方をより良くすること**ができることです。

そのため、「PDCAを回す」といういい方をします。これは、現状の業務や課題をこなしながら、徐々に仕事のレベルをらせん状に上げていくからです。

PDCAを回し続けることでより高い目標に挑戦できるようになり、発揮できるパフォーマンスも向上していくイメージです。

●人生設計にも使える

PDCAはビジネス以外にも活用できます。たとえば、結婚後のライフプランを立てる際の、子育てやマイホーム取得の計画を進めるときなどです。

定年までの人生設計において、計画立案→実行→検証→修正（改善）と人生の節目ごとにステップを踏んでいけば、何歳で何をしておけばよいかが具体化できます。

[ライフプランにもPDCAは使える！]

具体的行動

現在から5年単位や10年単位、もしくは30歳、40歳、50歳、60歳、70歳など年齢の節目ごとのライフプランを考えてみる。

006

Cからはじめる PDCA

現状の検証から目標を計画する

●やみくもに計画しても失敗する

PDCAは、P（計画）からスタートすることが基本です。計画を立てずに行動すれば行きあたりばったりとなり、方向性が見定まりません。**何事もスタート時の計画が肝心です。**しかし、経験したことがない分野では計画の立て方がわかりません。はじめて挑戦する仕事や役割を前にして、どのように計画を立てるのがよいのでしょうか。

●P（計画）ではなく、C（検証）からスタートとする意味

こうした場合には取り組むべき仕事や担うべき役割の最終目標を確認し、その目標と現状とのギャップを把握することからはじめるとやるべきことが具体化します。

目標・課題を達成・解決するには現状とのギャップ（差異）をとらえ、それを改善するにはどんな方法やプロセスが必要かを洗い出して計画を立案していきます。

このときのPDCAは、「P（計画）」ではなく、「C（検証）」からのスタートということです。与えられた目標や課題をはっきりと理解し、現状を検証してから計画立案していく流れです。

[PからはじめるPDCA]

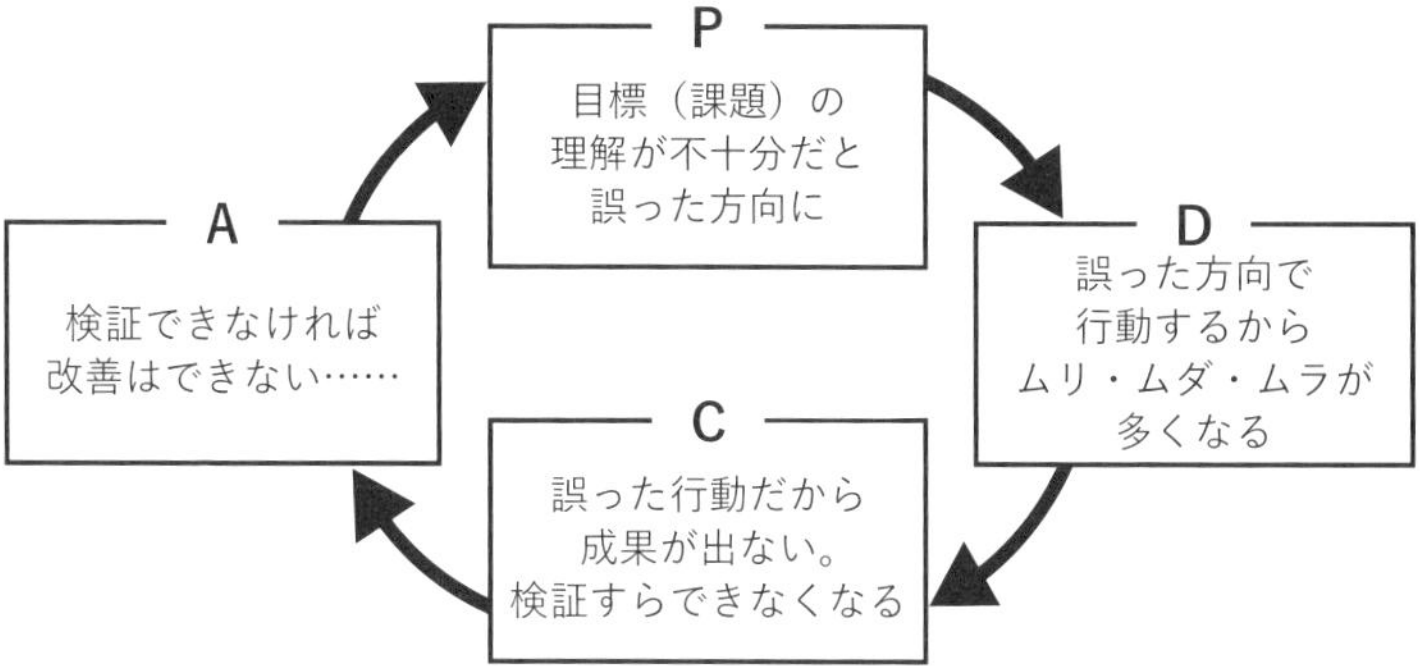
P
目標（課題）の
理解が不十分だと
誤った方向に
D
誤った方向で
行動するから
ムリ・ムダ・ムラが
多くなる
C
誤った行動だから
成果が出ない。
検証すらできなくなる
A
検証できなければ
改善はできない……

[CからはじめるPDCA]

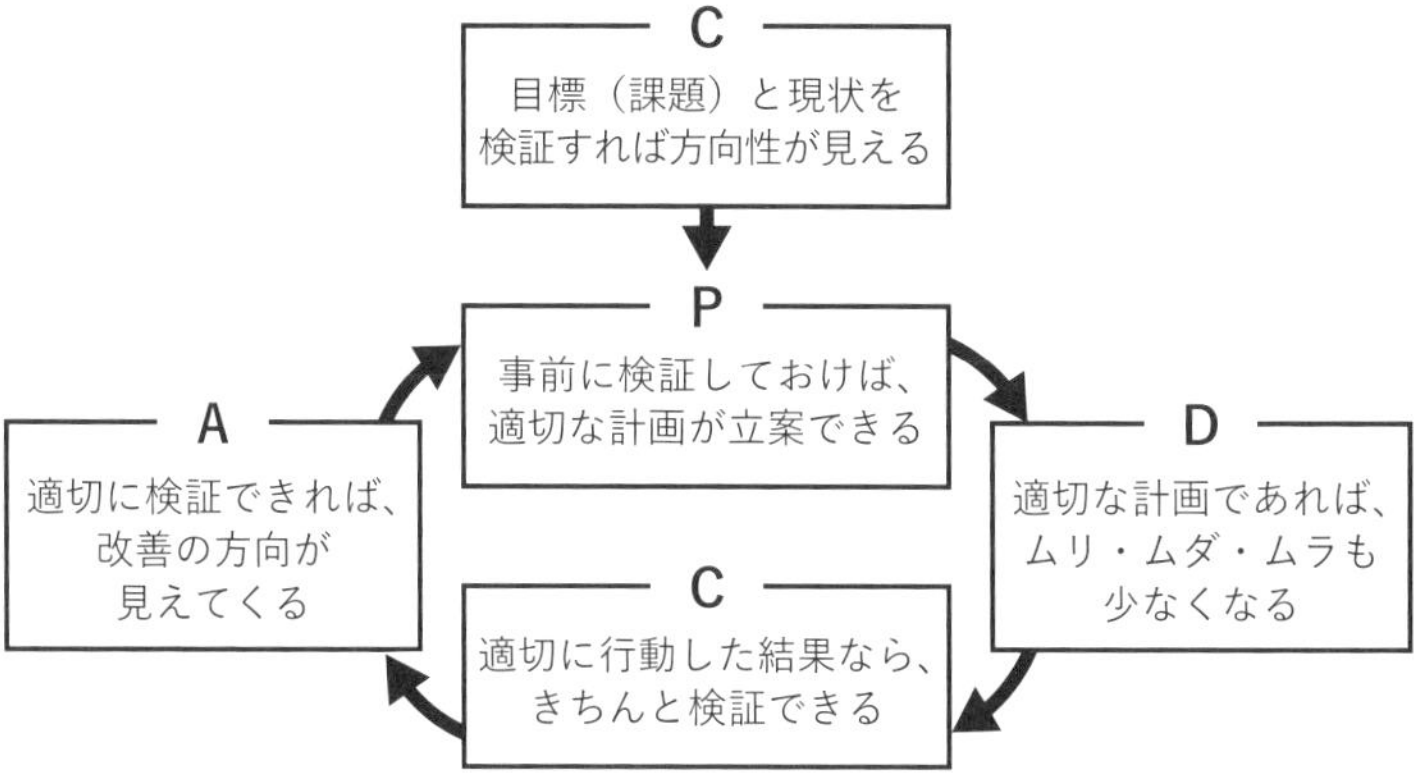
C
目標（課題）と現状を
検証すれば方向性が見える
P
事前に検証しておけば、
適切な計画が立案できる
D
適切な計画であれば、
ムリ・ムダ・ムラも
少なくなる
C
適切に行動した結果なら、
きちんと検証できる
A
適切に検証できれば、
改善の方向が
見えてくる

具体的行動

継続して取り組んできた業務について計画をする場合も、何がどこまでできたのかについて現状を検証してみる。

007

Cからはじめる① 計画

目的と目標の明確化で、現実的な計画立案になる

●目的と目標を正しく理解する

PDCAでは目的と目標の意味を正しく理解することが大切です。

目的：企業や個人がめざすもので、「○○のために」で言い表すことができる

目標：目的を達成するためにクリアすべき課題や指標のこと

企業としてのミッション（使命）やビジョン（あるべき姿）が目的だとすれば、目標は年度の売り上げや新事業開発など、目的を達成するために必要な要件のことです。

●Cからはじめれば目標の妥当性が検証できる

PDCAサイクルをCからはじめることが大切なのは、**Cからはじめることで目標設定の妥当性が明確になる**からです。

たとえば、売り上げ目標が実際の市場環境とかけ離れた金額で設定されていた場合、それは無謀な計画です。

現状とかけ離れた目標から計画を立案するのではなく、目標が妥当なのかを検証してから何のために何をやるかを明確にすることで、計画は適切になります。

【「目的」と「目標」の違い】

目的　**組織や個人がめざすもの**

例	企業	個人
ミッション	企業の存在意義	生きがい、働きがい
ビジョン	企業のめざすもの	実現したいこと、夢

弊社の10年後の
ビジョンは…

目標　**目的を達成するための指標・要件・課題**

例	企業	個人
	売り上げ目標、改善目標 営業課題、業務課題	就職・入学、資格の取得 PCスキルの向上、 プレゼン力の強化

プレゼン力を
強化しよう

具体的行動

目標の妥当性を検証するために、現実とのギャップだけでなく、目的との整合性を検証し、方向性を確認する。

008

Cからはじめる② 実行

作業が滞るプロセスを早く発見できる

●ボトルネックに早めに手を打つ

ＰＤＣＡは、はじめての課題に取り組むときに使ったり、これまで行ってきた業務を改善するために活用できる手法です。**仕事を計画的に進めるための手法として使えるようにするには、習慣になるまで繰り返す**ことです。

完全に身につくまでには少々時間が必要ですが、ＰＤＣＡを取り入れる最初の頃は、次のような理由でうまく回らないことがあるかもしれません。

①目標そのものが現実とかけ離れている
②業務を実行する人の知識やスキルが不足している
③業務を実行する方法や手順に問題がある

このうち③は問題解決が必要ですが、計画実行における問題箇所のことを「ボトルネック」といいます。**ボトルネックの発見と改善を早く行うことが計画的に仕事を進めるコツ**です。作業フローを検証し、作業が滞留しがちなプロセスがあれば、そこがボトルネックです。早めに対策を考えます。

[業務遂行がうまくいかない3つの理由]

1．目標設定自体に問題がある
2．担当する人の知識・スキルが不足している
3．業務を遂行する方法・手順に問題がある

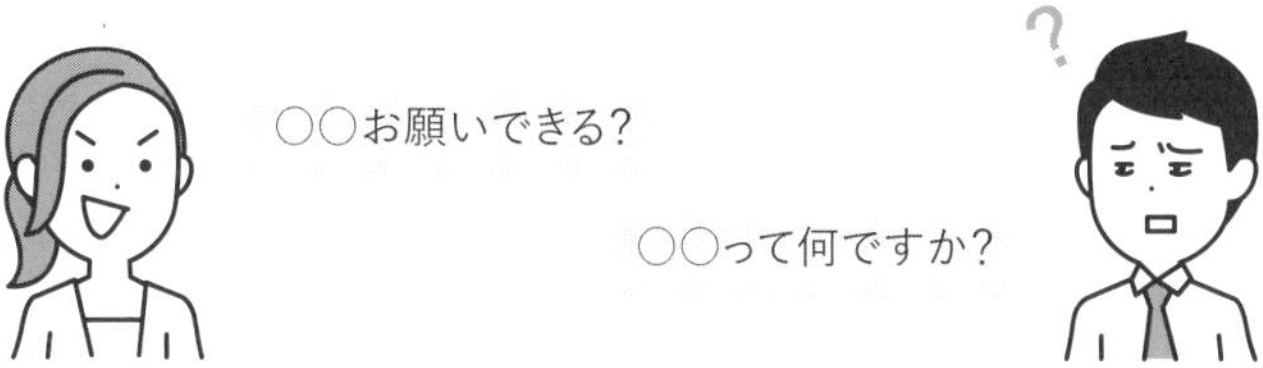
○○お願いできる?
○○って何ですか?

[ボトルネックは何?]

業務の方法・手順を検証して効率化を図ろう！

□ 業務を遂行するうえで
いつも時間がかかるのはどこ？

□ 業務を遂行するうえで
いつも混乱するのはどこ？

□ 業務を遂行するうえで
いつも滞留するのはどこ？

作業が
停滞しがちな
プロセス

具体的行動

業務を可能なかぎり細分化し、当たり前にやってきた方法・手順のボトルネックを探してみる。

009

Cからはじめる③ 検証

現状分析からだと早く判断ができる

●好調時こそ問題点を探る

仕事もプライベートも、好調時にはそのまま突き進んでいきたくなりますが、〝好事魔多し〟という言葉のとおり、順調なときほど、問題の発生に気づきにくくなります。

たとえば、自社の商品が市場シェアのトップを占めているとします。2位と3位の会社がどんどんシェア率を落としているような場合、営業担当者はライバルに差をつけたことを喜び、従来の営業手法をさらに加速させます。

しかし、シェア率4位と5位や新規参入組が急速にシェアを伸ばしてきた場合、2位と3位の企業とは異なる手法を取っている可能性があります。近くを追随するライバルだけを見て安心し、それ以外をほとんど無視しているといつか現状の地位を脅かされるかもしれません。

好調なときほど、現状のままでいいのかを検証すべきですし、新たな競合が現れたらその動向を分析し、対策が必要です。

PDCAをCからはじめることで、好調時に潜んでいる問題点が発見しやすくなり、先手が打てます。

[こんなときに注意が必要!!]

ケース 1　担当者との相性もバッチリ。営業業績は絶好調!?

顧客の担当者との
コミュニケーションも良好で、
営業成績もうなぎのぼりのＡさん

ところが、
コロナ禍でリモート中心の営業に転換。
会えない時間に別の業者が
リモート営業で接近。
営業成績が急低下。

ケース 2　リモートでも順調に仕事が進んでいるはずが……。

リモートでも集中できる環境ができて、
従来以上に仕事が進むことに
満足しているＢさん

出社を余儀なくされているＣさん
自宅にいるＢさんからの依頼を受けて、
書類を見たり、返信したりする頻度が急増。
「もうＢさんと一緒に仕事をしたくない」
と不平が募る。

具体的行動

仕事が順調なときこそ、社会や市場の変化や周囲の人の状況の変化がないかを検証するという習慣を身につける。

010

Cからはじめる④ 改善

現実的でないことは廃止の対象

●これまでの習慣やしがらみを改善しよう

働き方改革といわれなくても、コロナ禍によって現実的に働き方が変わったことを多くの人が実感しています。

また、少子高齢化による労働者人口の減少に伴い、実質的に定年延長となったり、一人ひとりの役割を定義するジョブ型人事制度を進める企業も増え、これまで常識だと思っていたことがことごとく変わってきています。

これまでとはビジネスのルールが変わった流れのなかでは、従来の方法やノウハウが現状に合わなくなるものも出てきます。従来のやり方をそのまま継続させていてはムリやムダを生み出すことになります。

柔軟な働き方が新常態となる今後、これまでの習慣やしがらみを現実に合わせて改善・改革するということですが、それにはこれまで常識として続けてきたことを振り返ることからはじめます。たとえば、会議は必ず週1回行う、毎朝ミーティングする、配付資料は製本する、議事録はすべての役職者の承認印を得る、こうしたこれまでの常識でおかしいと思うことは改善の対象です。

［ こんなシーンに遭遇したら、疑ってみよう！ ］

これが、わが社の伝統なんだよ

こういう場合は、こうするのが決まりなんだ

マニュアルどおりに進めればいいんだよ

昔から、こんなときはこうやって乗り切ってきたんだ

自分の体験を押しつけるわけじゃないんだけど……

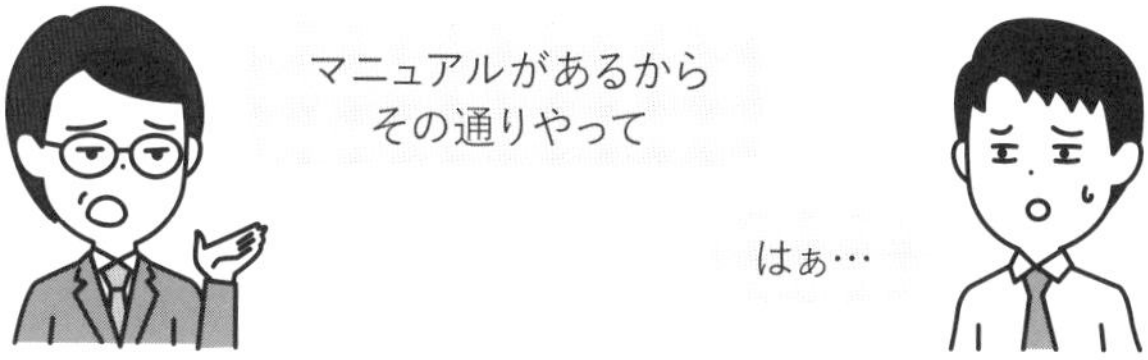

具体的行動

変化が大きいときは「ゼロベースで物事を見直す」姿勢が大事なため、これまでの常識を一度疑ってみる。

第2章

《Plan：計画》目標を決める！

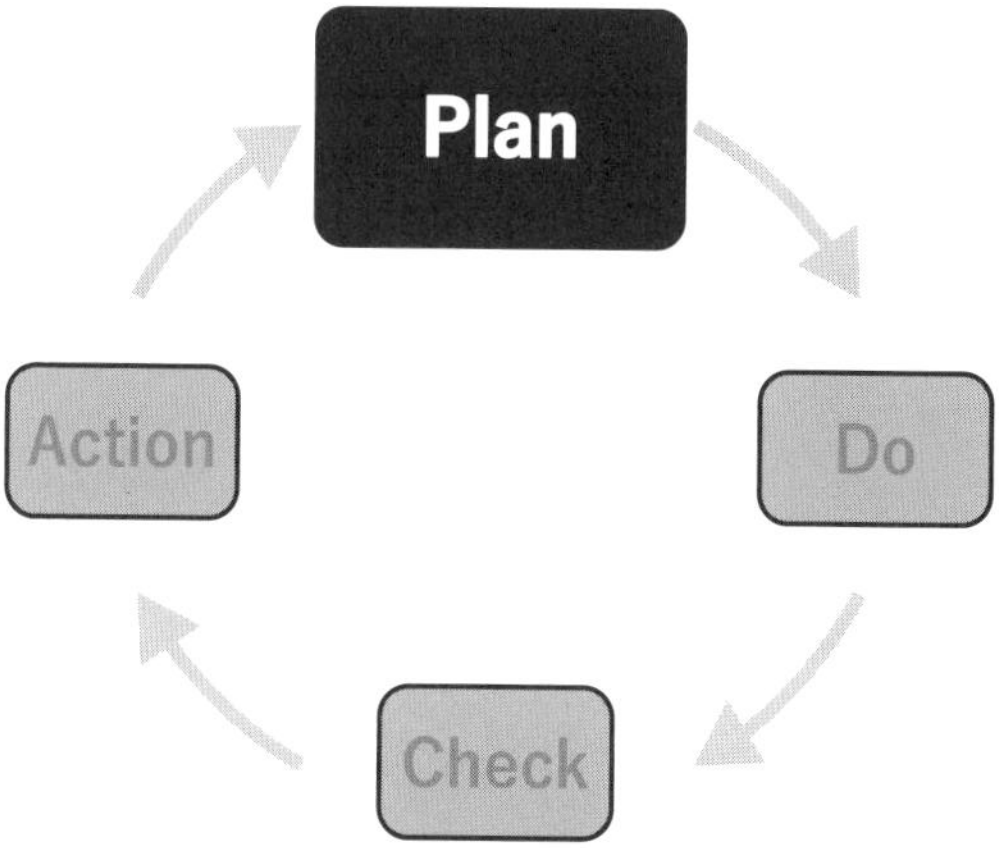

011

計画立案のコツ①

やるべきことを具体化する

●目標達成する人とできない人の違い

目標を常に達成できる人とできない人、その違いを考えたことがあるでしょうか？

たとえば、「販売目標前年比120％」「ペーパーレス化80％」といった目標を立てながら、結果的に「達成できませんでした……」で終わってしまう人はなぜ達成できないのでしょうか？

もちろんその人の仕事スキルに問題があれば別ですが、これは計画力が未熟であることが一因として考えられます。これとは逆に、**計画に基づいてやるべきことを確認しながら実行する習慣を持つ人の多くが目標達成の常連**です。

●やるべきことをダブりなくモレなく計画する

着実に目標達成する人の計画は、やるべきことがダブりなくモレなく具体化されています。せっかく計画を立てても、内容が大雑把だと最終的には精神論や根性論でしのぐようなことになりかねません。**無理せずに着々と目標に近づくためには、「何を」「いつまでに」やるかを具体的に示しておかないと行動に移せません。**

【 MECE（ミーシー）の視点で計画を考える！ 】

MECEとはMutually Exclusive（お互いに重複がなく）and Collectively Exhaustive（全体的にモレがないこと）の頭文字。
計画は、重複を避け、モレのないように設定することが大事。

◎売り上げを目標にした例

MECEになっていない

売り上げ＝「客数の増加」×「客単価の向上」

新規顧客の獲得

客数の要素

購買頻度の増加 ✖ 購買点数の増加 ✖ 商品単価の向上

客単価の要素

客数の要素として新規客だけではなく、既存客もあるはず…**モレがある**

MECEになっている

売上５原則

新規顧客の獲得 ✚ 流出顧客の減少

客数の要素

購買頻度の増加 ✖ 購買点数の増加 ✖ 商品単価の向上

客単価の要素

売り上げを上げるには基本的にこの５つの要素しかない
…**モレなくダブりもない**

出典:佐藤義典著『図解 実戦マーケティング戦略』(日本能率協会マネジメントセンター)

具体的行動

目標達成計画におけるやるべきことについてダブりやモレがないかを確認するために、MECE図を描いてみる。

012

計画立案のコツ②

理想と現実の差から目標を決める

●計画＝理想と現実のギャップを埋める工程表

「こうなったらいいな！」という思いつきや漠然とした夢物語を描くところからはじまる計画があります。このとき大事なことは、現状と理想の状態のギャップ（差異）がどのような状態かを認識することです。なぜなら**計画とは、理想と現実を埋める工程表**といえるものだからです。**工程表どおりに行動して、ギャップを埋めていくことが目標管理の基本**です。

第1章でPDCAサイクルを回すためには「C（検証）」からはじめることが重要だといいました。それは、現状を検証し、「あるべき姿（目標）」とのギャップを知ることで、その差異を埋めるには何をすればよいかが具体化できるからです。

●行動計画と達成基準を決める

つまり計画を立てるということは、目標に向かってやるべきことを具体化する作業ということです。**「何を」「誰が」「いつまでに」「どのように」実行していくのかを順番を追って組み立て、どのような状態が目標達成の基準になるのかを文章にします。**

[計画立案の要件を知る!]

1. 目標・あるべき姿が明確に示されている
2. 現在の状況を把握し、ギャップが明確になっている
3. ギャップを埋めるための課題が整理されている
4. 課題を克服するための道筋が明確に示されている
5. プロセスごとに取り組む施策が具体的である
6. プロセスごとの達成基準が明確である
7. プロセスごとの留意点やリスクが想定されている

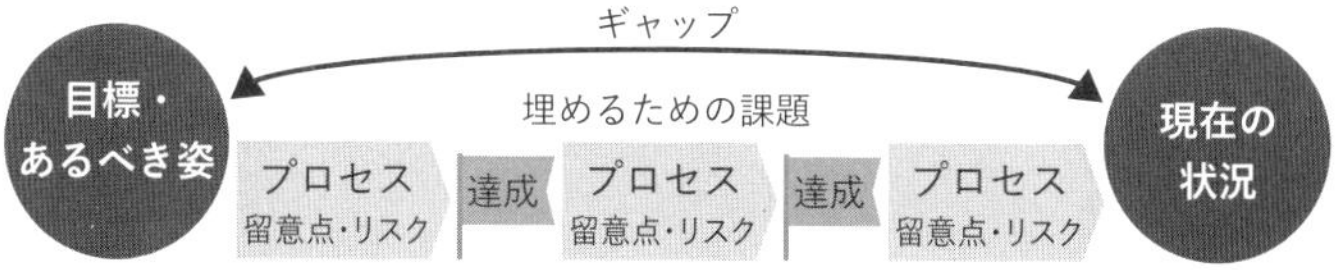

[具体的な施策＝5W3Hが明確であること]

When	Where	Who	What	Whay
いつまでに	どこで	誰が	何を	なぜ

How	How much	How many
どのように	いくらで	どのくらいで

具体的行動

目標や夢を具体化するために、「何を」「誰が」「いつまでに」「どのように」などの5W3Hを書き出してみる。

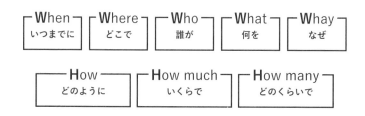

013

計画立案のコツ③

「どのように」ではなく、「なぜ行うか」が大事

●目的と手段を混同しない

よく、「目的と手段を混同するな」といわれます。目的を達成するための手段であったものが、手段自体が目的となり、進むべき方向性が見えなくなっている状況を戒める言葉です。たとえば、健康増進という目的のための手段がダイエットであるはずなのに、いつしか食事制限や運動することが目的になるようなことです。

また、利益をあげるために不正を行ったことが事件になることがありますが、これも目的と手段を取り違えた典型的な例です。

利益をあげることは企業の目的の1つですが、大きな視点で見れば、利益は企業が存続するための手段です。企業の本来の目的は、社会に対して価値を提供しながら存続することです。利益は持続的に価値を提供し続けるための手段だということです。

本来の目的を見失い、手段を目的としてとらえてしまうと目標達成ができなくなります。手段が目的にすり替わるのは「なぜ行うか」よりも「どのように行うか」という意識が強くなるからです。**計画立案には、「何のために」「なぜ」実行するのかを常に意識することが大事**だということです。

[目的(ビジョン)、目標、具体的な行動]

目的と手段の取り違えを避けるためには、目的（ビジョン）、目標、具体的な行動（施策）との関係を頭に入れておく。

日々の具体的な行動（施策）は、目標を達成するための手段。目標は、企業が掲げる目的（ビジョン）を達成するための手段であることを理解しておけば、目的と手段の混同は避けられる。

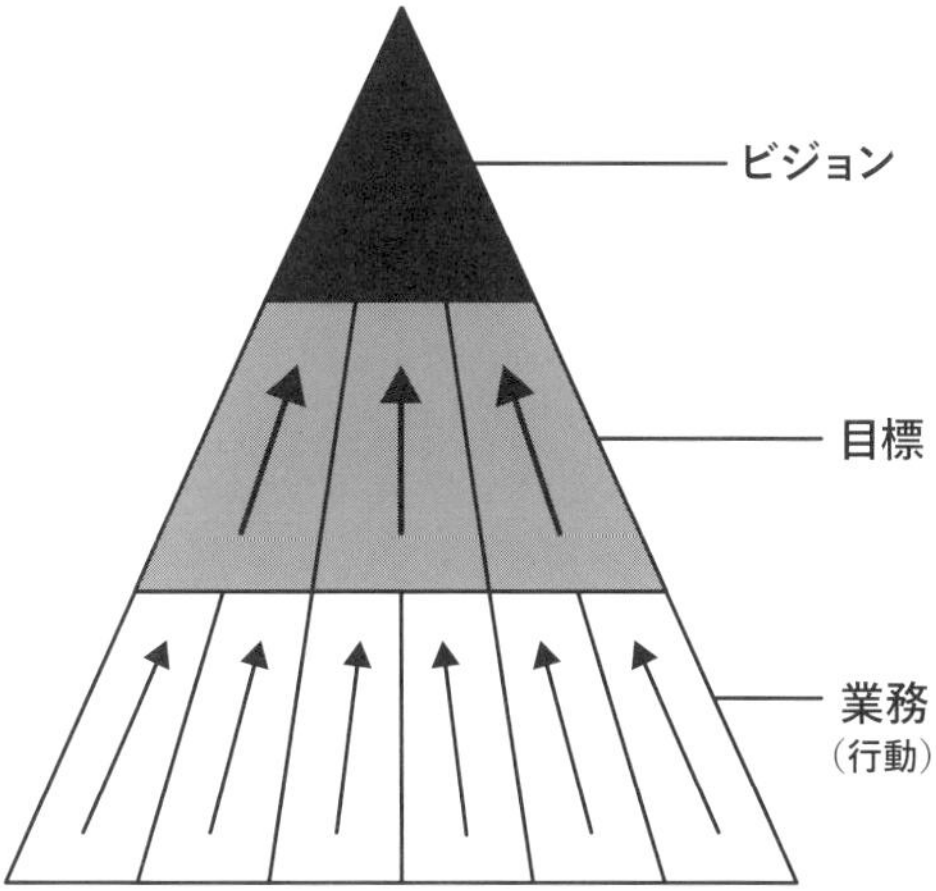

具体的行動

目的と手段の関係は成果(ゴール)と手段の関係でもあるので、何がゴールなのかを考えて手段との混同を避けるようにする。

計画立案のコツ④

ストレッチな目標でリスクヘッジする

●5W3Hから考える

計画の実行手順を考える枠組みが、5W3Hです。

- **・When（いつ）**
- **・Where（どこで）**
- **・Who（誰が）**
- **・What（何を）**
- **・Why（なぜ行うのか）**
- **・How（どのように）**
- **・How much（どれほどのコストで）**
- **・How many（どれくらいの規模で）**

これらの視点は最終的な達成基準を想定して決めていきます。**達成基準は100%ではなく、少し高めの120%程度に設定**します。想定外の事態で計画が滞ったときのリスク回避のためです。そして、年間計画なら2カ月前倒しの10カ月で目標達成できる計画にしておきます。これも計画に余裕を持たせることで何か起きた際の備えにします。

【5W3Hでやるべきことを抽出する！】

When いつ	課題を達成するためのさまざまな施策を、いつ実施するのか etc.
Where どこで	課題を達成するための施策をどこで行うのか。課題達成のために必要なツールをどこで調達し、どこに搬入し、どこで管理するのか etc.
Who 誰が	課題を達成するための具体的な行動を誰が担うのか。メンバーにどのような役割を与えるか。リーダーは誰か。指示命令系統はどうするか etc.
What 何を	具体的にどの行動に取り組むのか。どこまでやればいいのか。リーダー、メンバーの役割&責任は何か etc.
Why なぜ	何のためにやるのか。会社・部署のビジョンとどう関連するのか。想定された達成手段を行う理由は何か etc.
How どのように	何をどのような手順、方法で取り組むのか。メンバーとの情報共有等はどう行うのか etc.
How much いくらで	どの程度の予算をかけていいのか。利益率、原価率はどの程度に設定すればいいのか etc.
How many どのくらいで	どれだけの時間をかけて、どの程度までやるのか。数値目標はどの程度に設定するか etc.

具体的行動

計画立案するにはまずは目標と現状のギャップを把握し、そのギャップのもととなる問題や課題を抽出する。

015

目標設定のコツ①

目標設定に使う情報は真偽検証する

●参考情報はファクトチェックする

計画立案の基本プロセスを踏まえたうえで、目標と現状のギャップを正しく把握します。それには、「**事実」を客観的に測定する**ことです。ここで注意したいのが、誰もがネットを使って情報発信できるようになったことで、ビジネスで使う情報は「ファクトチェック（事実確認、真偽検証）」が必須になってきていることです。

計画立案ではさまざまなデータを参考にすることが多いので、販売データなどの数字はもちろん、社内外に流布する定性的な情報も出所元などの真偽を必ず確かめます。

●自己成長のための計画にする

たとえば、販売目標などの設定では自社の成長レベルに合わせることも大事ですが、業界自体の成長レベルも考慮することが目標管理スキルを伸ばします。

このとき、**市場や競合他社の動向を根拠のあるデータ、つまりファクトチェックした情報で把握し、その成長度合いに準じた目標設定をするようにすると、仕事のやり方が現実化して**いきます。

[全体俯瞰のスケジュール管理]

1. 達成すべきゴールを設定する — 数値目標は？
2. ゴールと現状との差を明らかにする — 現状は？
3. ゴールと現状を埋めるための課題を抽出する — 課題は？
4. 課題を解決するための具体策を検討する — 具体策は？
5. 目標を150％達成するための施策も検討する — 150％達成！
6. ゴールまでの道筋、施策を実行する順序を決定する — 道筋は？
7. あらかじめ想定されるリスクを抽出し、対策を講じる — リスクは？
8. 立案した計画をチーム全体で共有する — 共有！

具体的行動

適切な計画立案にするために、目標達成のためにクリアすべき課題やそれを実行していく手順を書き出してみる。

016

目標設定のコツ②

目標の障害になる課題を早く見つける

●目標達成に向けて何が問題となるか

目標と現状とのギャップは、販売目標など定量的に数字で示すことができれば誰もが客観的に理解できます。経理業務のように、目標が数字にしにくい場合も、入力ミス率、時間単位の処理件数など数値化することで定量的に目標管理がしやすくなります。

こうして**目標と現状を具体化することでそのギャップを解消するための施策、つまり目標達成するためにクリアすべき施策も具体化できる**ようになります。

●社内外の環境変化も考慮する

販売目標や開発目標などの場合、社内外の環境変化が課題となることがあります。販売目標を昨年対比１２０％などと設定する場合、ビジネスを取り巻く条件が昨年と翌年がまったく同じということはありえません。コロナ禍などのような不測の事態やジョブ型などに見られる社内制度の変更があれば、それらも織り込まなければなりません。

目標設定ではこうした環境変化における課題を早期に発見し、合理的な対策を施しておくことが大切です。

［ 社外の環境変化に注目！ ］

□市場規模が「前年」より拡大または縮小した
□市場への新規参入または撤退があった
□「新商品・新サービス」を投入・開始した会社がある
□他部署で「新たな評価制度」を導入した　など

［ 社内（職場内）の環境変化にも注目!! ］

□最近、仕事の仕組みやフローを変えた
□最近、新しい機械やソフトウェアが導入された
□最近、採用・退職、異動になったメンバーがいる
□最近、メンバーの表情が暗く元気がない　など

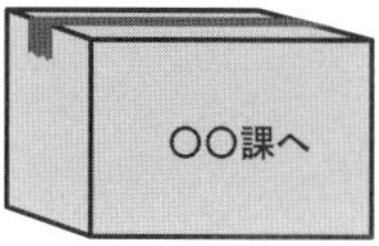

具体的行動

自分の仕事を取り巻く環境の変化について考えられることを社内と社外に分けて書き出してみる。

017

目標設定のコツ③

本質的な課題を早く見つける

●課題抽出にＫＪ法を使う

ここで目標達成のための課題発見の簡単な方法を紹介します。文化人類学者の川喜田二郎氏により開発された、**無作為に課題を抽出し、テーマごとに分類・整理する「ＫＪ法」**です。ひらめきやアイデアを簡便にしかも効率的にまとめることができ、これまで多くの職場で問題解決法や発想術として半世紀以上にもわたって活用されてきています。与えられたテーマについて思いついたことをふせんカードなどに書き記して整理するだけなので、誰でもすぐに使えます。

●本質的な課題を引き出す

ＫＪ法では、できるだけ多くの気づきを引き出します。とにかくテーマについて思いついたことをひたすらカードに書き出して机に広げたり、ホワイトボードなどに貼り付けます。その後、似たカテゴリー同士をグルーピングすることで本質的な課題があぶり出されてきます。ひとりでも行えますし、職場単位で行えばブレインストーミングの材料にも使えます。

［ KJ法のすすめ方 ］

1 **課題に対しての考えやアイデアをふせんに書き込む**

チームで行う場合は、1人あたりの枚数を設定し、一定の時間内で終わるようにする

↓

2 **ホワイトボードを用意し、書き終わったふせんを声に出して読み上げながら適当な位置に置いていく。その際、同じテーマ、種類のふせんがあったら近い場所に置く**

チームで行う場合は、書き出した内容が相手に伝わるように、書いた理由や具体的な事例を補足する

↓

3 **ふせんをグルーピングしていく。近い場所に置かれたふせんを、まったく同じであれば重ね、微妙に違いがあれば隣り合わせに並べていく**

チームでグルーピングを行う場合、意見が分かれる場合もあるが、アイデアを書いた本人の認識・考えを尊重してふせんの位置を決める

↓

4 **重ねられたふせんが何を意味しているのか考え、グループの見出しをつける**

↓

5 **グループ間の関係性を考え、下図のように線を引いて関係性を示す**

（例）因果関係：→（原因から結果のほうに）、相互関係：←→（相互に矢印を向ける）、対立関係：→←（矢印を向かい合わせにする）など

具体的行動

自分が担当する業務に関する問題点を抽出するために、カード型のふせんを用意してKJ法を試してみる。

018

目標設定のコツ④

「問題」は「課題」に落とす

●「問題」と「課題」の違い

ふだん「問題」と「課題」を混同して使いがちですが、その意味するところは大きく違います。**計画立案における「問題」とは現状と目標のギャップそのもののこと**であり、「**課題」とはそのギャップ（問題）を埋めるためにやるべきこと（対策）**です。

つまり、問題（ギャップ）が見えることで課題（対策）が具体化するということであり、**問題解決とは「問題」を「課題」に落とすこと**といえます。

●「問題」を「課題」に落とす例

たとえば、リモート営業が中心となり、顧客からのクレームが増えているという「問題」が発生しているとします。この場合、クレームを増加させない計画を立案しますが、「クレームの増加を防ぐ」としただけでは、具体的にどのように取り組んでいくのかがわかりません。

クレームの増加を防ぐためには、まず、どんなクレームが増加しているのかを分析し、クレームの原因を探ることです。続いて、クレームを出さない対策を立てます。

［「問題」と「課題」の違い］

問題

現実と目標のギャップのこと

例 ・顧客からのクレームが増加している

↓

課題

問題を解決するために取り組むべき事柄

例 ・どんなクレームが多いかを分析する
・クレームの原因を探る
・クレームを拡散させない対策を立てる

問　題	課　題
問題1： 市場クレームの件数が増加している	課題1-1：どの製品の、何の機能についてのクレームが増加しているのかを調べる 課題1-2：当該クレームの原因を究明する 課題1-3：クレームに対する暫定対策を選定する
問題2： 家族と過ごす時間が少ないと妻から不満を言われている	課題2-1：本当に家族と過ごす時間が少ないかの実態を把握する 課題2-2：このまま妻の不満を放置しておいた場合のリスク対策を考える 課題2-3：どうすれば家族と過ごす時間が取れるかの案を立てる

具体的行動

計画を立てるときには、「問題」を洗い出し、その問題を「課題」に置き換え、対策を具体的に考えるようにする。

019

課題対策のコツ①

KJ法で課題を見つける

●課題対策を過去の事例から探す

問題を課題に落としたら、解決策を具体化します。「クレームの増加」という問題であれば、クレームが発生しないためのアイデアを打ち出していきます。

解決策のアイデア出しは、過去に同じような問題がなかったかを調べて、そのとき行った対策をヒントにするのでもいいでしょう。個人の目標管理では、それまでの経験から課題対策は考えやすいですが、新規プロジェクトや組織的な目標などは過去の事例があれば、そのときの対策が参考になります。

●プロジェクトの課題は自由な意見交換から具体化する

問題解決では先述した「KJ法」も有効です。プロジェクトの計画やチームの問題解決にはメンバーがKJ法でアイデアを出し合い、やるべきことを具体化していきます。

問題解決に限らず、チームとしての目標管理ではメンバーが意見を出しやすい場をつくれるかがカギです。それぞれの思いが発言しやすくなるには、何をすればよいかを考えましょう。

［ ワイガヤでやるべきことを考える！ ］

チームとしての課題解決策を考えるには「集団の知」を使おう！

- ホンダが製品開発のアイデア出しで行っている手法が「ワイガヤ」。参加者がボトムアップ的にその集合知を開発につなげる、いわば実践的なブレスト。
- ワイワイガヤガヤと参加者が本音の「自分の考え」を臆せずに出し合うことで、思いも寄らないアイデアが生まれる。自由闊達な場がカギになるので、その場においては役職や年齢などに関係なく、誰もがフラットな立場で議論する。
- 議論をどんどん掘り下げていくことで、課題の本質に深くアプローチしていき、１人では考えも及ばないような解決策が生み出せる。

ワイガヤ成功のポイント

①「自分の考え」を臆せず出し合う

②出てきた意見を融合させたりしながら「スパイラルアップ」的に考えをまとめていく

③そこから「解決策」を導き出す

④その解決策が誰にもにもわかりやすいように「キーワード」化する
（例：トリプルチェックでクレームゼロ！）

具体的行動

課題に対してやるべきことを過去の事例を参考にしたり、「ワイガヤ」などの手法を使ってアイデアを出す。

020

課題対策のコツ②

インプットを習慣化する

●問題解決力＝情報力＋分析力

問題解決に必要なスキルに「情報力」と「分析力」があります。問題解決のためにやるべきことは何かを調べ、その情報から打ち手（対策）を具体化していきます。

そして**情報力の土台となるのが、インプットの習慣**です。ここでいうインプットの習慣はあらゆる情報源からひたすら多くの情報を集めることではなく、仕事に関係する情報に日常的に意識を向けて、必要なものを無意識のうちに取捨選択できるようにする情報収集法のことです。

たとえば、開発担当者が「新製品開発」というテーマを課題にしていたら、「新製品」というキーワードに自然と敏感になるイメージです。新製品のうち清涼飲料など具体的なテーマがあれば、「新製品＋清涼飲料」で検索エンジンの自動情報収集機能を使うことで、自動的に必要情報を集めることができます。

取捨選択した情報を課題に結びつけて、合理的な解決策を導くスキルが、分析力です。分析力によって、物事の因果関係を論理的に整理して情報に意味を持たせることで、具体的な対策を考えます。

【「相手情報」と「自分情報」で整理する！】

インプットした情報は、大きく分けると2つの種類に分類される。1つは、顧客や市場といった自社（自分）以外に関する情報であり、もう1つは、自社（自分）に関する情報だ。前者はニーズを把握するための情報で、後者はそれに対応する課題を浮き彫りするための情報になる。

「新製品＋清涼飲料」に関する情報区分

相手情報　清涼飲料の売れ筋ランキング、新年度に投入された競合商品の売り上げ販売店ニーズ、モニタリング情報など

自分情報　自社商品の売れ筋ランキング、今年度に投入された商品の売り上げ、製造ラインの状況（仕様、対応可能性、稼働率等）、広告予算など

具体的行動

目標達成に向けての課題を日常的に意識し、その課題解決につながる情報が自動的に集まる環境をつくる。

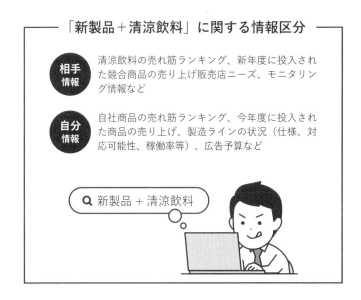

021

課題対策のコツ③

質問形式で課題を見つける

●固定観念が強いと斬新なアイデアは出ない

人間は、外部からの刺激が少なくなると思考パターンが固定化していきがちです。とくに過去の成功体験にとらわれている人にその傾向は強いようです。

固定観念を打破して柔軟に発想する方法に「オズボーンのチェックリスト」があります。すでにある事柄を組み合わせたりすることで発想を広げるシンプルな手法であり、アイデア発想の定番として古くから活用されています。開発したのはアメリカの大手広告会社で副社長を務めたアレックス・F・オズボーンです。オズボーンはブレインストーミングも考えた〝アイデアマン〟として知られています。

そもそもアイデアとは無から生むものではなく、既存のアイデアをどのように活用するかで新たな発想が導き出されるのだという考えに基づき、「**転用**」「**応用**」「**変更**」「**拡大**」「**縮小**」「**代用**」「**置換**」「**逆転**」「**結合**」**の9つのキーワードから発想する方法**です。これが「オズボーンのチェックリスト」の基本です。

左ページの表にあるように、質問に答えていけばアイデアがどんどん湧き出していきます。

[オズボーンのチェックリスト]

❶ **転用** Other uses	□ 他分野での使いみちはないか？ □ 他の仕事で利用できないか？ □ いまの分野で新しい使いみちはないか？	
❷ **応用** Adapt	□ 他に似たものはないか？ □ 過去に同じようなことをしなかったか？ □ 他からアイデアを持ってこられないか？	
❸ **変更** Modify	□ 仕様（色・形・音・匂い・型など）を変更できないか？ □ 機能を変更できないか？	
❹ **拡大** Magnify	□ より大きくできないか？ □ より強くできないか？	□ より長くできないか？ □ より高くできないか？
❺ **縮小** Minify	□ より小さくできないか？ □ より弱くできないか？	□ より短くできないか？ □ より低くできないか？
❻ **代用** Substitute	□ 他のアプローチはできないか？ □ 他のもので対応できないか？	□ 別の人で対応できないか？ □ 違う要素で構成できないか？
❼ **置換** Rearrange	□ 順序を変えられないか？ □ 他の機会に変えられないか？	□ 他の人に交代できないか？ □ 要素を取り変えられないか？
❽ **逆転** Reverse	□ 役割を逆にできないか？ □ 順番を逆にできないか？	□ 上下左右を逆にできないか？
❾ **結合** Combine	□ 目的を一緒にできないか？ □ アイデアを組み合わせられないか？	□ チームを一緒にできないか？ □ 作業を一緒にできないか？

具体的行動

従来の発想から新しい発想に切りかえるために、「オズボーンのチェックリスト」を使い、いろいろな角度から考える習慣を身につける。

022

課題対策のコツ④

計画の難易度から課題対策を変える

●「すべきこと」を重視する

「オズボーンのチェックリスト」はアイデアをたくさん出すための手法です。**たくさんのアイデアから現実的な方策に絞り込むには、「できること」「したいこと」「すべきこと」の3つに分類**します。これらは計画の難易度に応じて取るべき施策も変わってきます。このうち、最も重視すべきは「すべきこと」です。

●**できること**：これまでに経験したことがあり、普通にやればできてしまうことです。営業職の目標の場合、提案方法や訪問件数など経験からすぐに実行できることです。

●**したいこと**：能力開発や成長のための努力目標的な取り組みのことです。対前年の伸び率や1年後の成長度合いなどの目標のためにこれまでの経験に加え、試験的に行うことも含まれます。

●**すべきこと**：必ず達成すべき目標のために行う諸施策です。業績目標や業務目標にかかわらず、上司と話し合いのうえで了解した目標を達成するための取り組みです。やや高めの目標の場合、過去に経験したことのない挑戦的な方策にも取り組むことも必要になります。

［ リモートで新規顧客を拡大するための施策の例 ］

できること

●取引先からの紹介営業の推進

●効果的なＤＭやメルマガの配信など

したいこと

●他社と差別化できる新規商品の開発

●リモート営業に関するセミナーの受講など

すべきこと

●過去のアプローチ顧客のリスト化と
フォロー営業

●社内外の人脈のリスト化と個別情報の収集など

具体的行動

課題を「できること」「したいこと」「すべきこと」に分類し、「すべきこと」が複数あれば、即効性の観点から実行の優先度を決めていく。

023

課題対策のコツ⑤

重要度と緊急度から優先度を決める

●「重要度&緊急度」マトリクスをつくる

計画的に目標達成するには、「すべきこと」を重視すべきだと前項で述べました。そして「すべきこと」がいくつかあれば、その優先度を決めておくことですが、そのための考える視点が「重要度&緊急度」によるマトリクスです。

重要度とはその施策の目標に対する成否の度合いであり、**緊急度は時間的優先度のこと**です。重要度と緊急度の高低で4つの窓をつくり、やるべき施策をその窓に落とし込むことで自ずとやるべきことの優先順位が決まります。

緊急度も重要度も高い施策が最優先事項になります。その逆に重要度も緊急度がともに低い施策は他の施策が終わってから開始します。判断に迷うのが、「緊急度が高く重要度は低い」施策と「重要度が高く緊急度は低い」施策です。

これについての判断のポイントは、時間的制約が重視されるかどうかです。期限が区切られている施策であれば、「期限」が重要度にもなるので、最終的に成果を達成するための重要施策は緊急度の高い施策を優先しながら着手は行っておき、その後の実施スケジュールを調整していきます。

[重要度と緊急度を基準に優先順位をつける！]

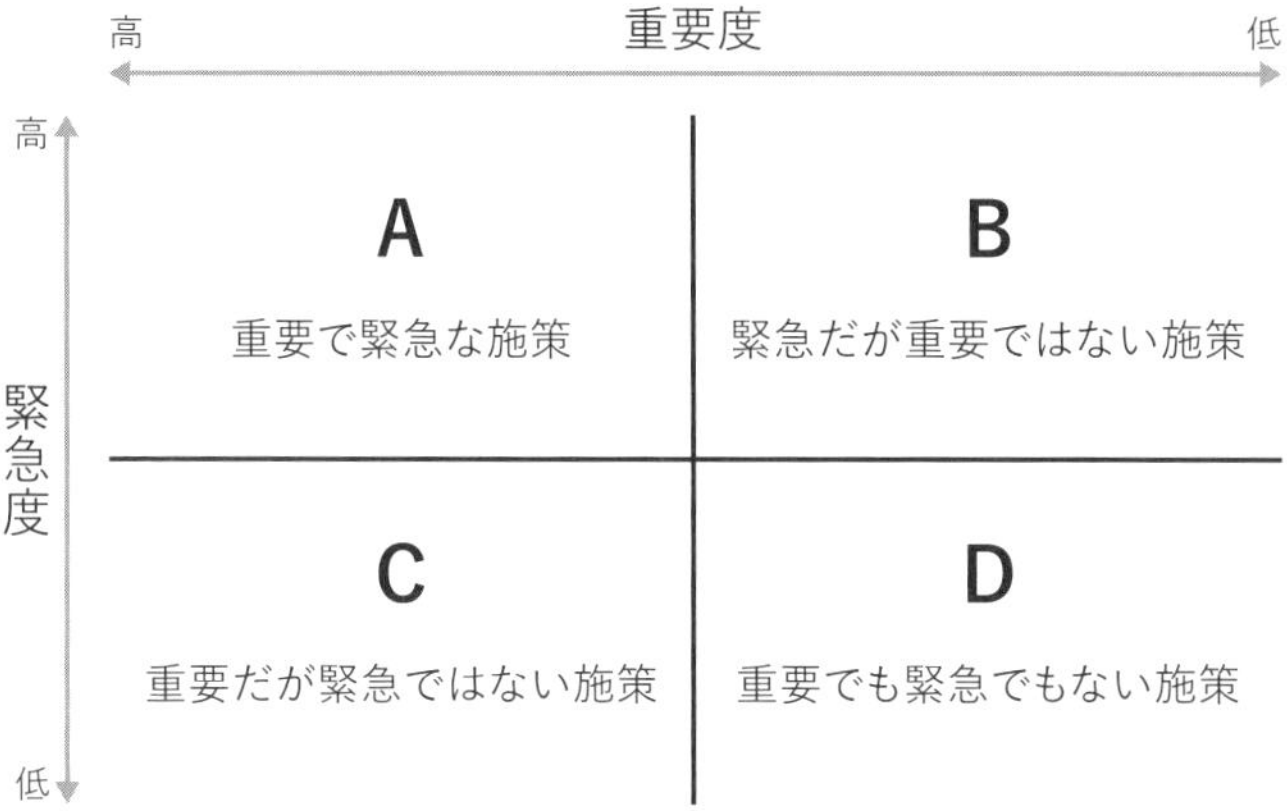

●重要度×緊急度マトリクスはそもそもは、時間管理の手法として活用されていた。

●どれを優先すべきか悩むのが「B」と「C」の枠。これをビジネスの例で考えてみよう。

●「A」は納期の迫った重要案件、「B」は顧客のアポ無しの訪問、「C」は顧客への重要案件の提案、「D」は提案案件が1つもない月例の提案会議。顧客のアポ無しの訪問は、多忙なときはそのことを理由に断ることも可能。ただ、顧客への重要案件の提案は事業の成長に欠かせないことなので、この場合は「C」を優先させる。

●ただし、それもケースバイケースだということで、ビジネスでの活用は臨機応変な対応が現実的だ。課題への対処を考える1つの目安として活用する。

具体的行動

重要度&緊急度マトリクスに「やるべきこと」を落とし込み、着手する優先順位を決める。「緊急だが重要ではない施策」と「重要だが緊急ではない施策」に注意。

計画段階の確認点①

8W3Hを使って整理する

●まずは5W3Hで整理しよう

計画を立てるとき、ムリやムダな活動にならないよう、行動のモレやダブリに注意します。そのために使える方法が42ページでも解説した「5W3H」です。5W3Hは文章を論理的に整理したり、戦略立案や問題解決などにも有効ですが、**計画立案でもやるべきことのヌケ・モレがないように活用されているフレームワーク**です。

●計画実行をさらに詳細にするための8W3H

計画の基本は「いつ（When）」「どこで（Where）」「誰が（Who）」「何を（What）」「なぜ（Why）」「どのように（How）」「いくらの予算で（How much）」で「どのくらい（How many）」という目安が地図のように誰が見てもわかることが整理されていなければなりません。

これが実行プロセスの道しるべになることで、ムダのない行動を実現します。

これに加えてさらに大事なことが「期限（When by）」と「誰と一緒に（with Whom）」「誰に向けて（Whom）」の3つのWです。

［ 8W3Hでヌケ・モレをなくす！ ］

When いつ	課題を達成するためのさまざまな施策を、いつ実施するのか etc.
When by いつまでに	いつまでに課題を達成するのか。達成期限を明確にする。期限の設定は目標管理の原則 etc.
Where どこで	課題を達成するための施策をどこで行うのか。課題達成のために必要なツールをどこで調達し、どこに搬入し、どこで管理するのか etc.
Who 誰が	課題を達成するための具体的な行動を誰が担うのか。メンバーにどのような役割を与えるか。リーダーは誰か。指示命令系統はどうするか etc.
with Whom 誰と	その目標は誰と一緒に進めるのか。外部協力者やパートナーはどうするのか etc.
Whom 誰に	目標は誰を対象として進める施策か、誰にメリットがあるのか etc.
What 何を	具体的にどの行動に取り組むのか。どこまでやればいいのか。リーダー、メンバーの役割&責任は何か etc.
Why なぜ	何のためにやるのか。会社・部署のビジョンとどう関連するのか。想定された達成手段を行う理由は何か etc.
How どのように	何をどのような手順、方法で取り組むのか。メンバーとの情報共有等はどう行うのか etc.
How much いくらで	どの程度の予算をかけていいのか。利益率、原価率はどの程度に設定すればいいのか etc.
How many どのくらいで	どれだけの時間をかけて、どの程度までやるのか。数値目標はどの程度に設定するか etc.

具体的行動

目標達成までの行動計画をムリやムダにならないように5W3Hまたは8W3Hで整理し、やるべきことにヌケ・モレがないかを確認する。

025

計画段階の確認点②

進捗の遅れ対策をしておく

●「ステップ表」を活用して進捗管理をする

計画で大切なことは、ゴール（目標達成）までの期限を明記することです。そして、その期限までにやるべきことをいくつかのステップに分け、そのステップごとにも期限を決めることです。具体的には、目標達成した状態を数値化し、その数値の達成度を見ていきます。

たとえば、売上目標が前年比120％であった場合、半期を過ぎた時点で目標値の半分程度を達成しておく必要があります。繁閑期などの特殊な条件を織り込んで計画を立てる場合もその条件に応じて四半期ごとなどの目標値を設定し、計画とズレがあれば早めに修正します。

この方法を見える化して、**計画の全体像を把握するためのツールが「ステップ表」**です。目標や課題を達成するまでの道筋を階段状にステップアップするように描きます。ステップごとに「達成手順」「達成方法」「達成期間」「留意点」を書き入れます。

「ＯｕｔＰｕｔ欄」は各ステップをクリアするための指標です。達成イメージは目的と手段の混同を避けるために、最終の達成イメージを書き込むスペースです。

[ステップ表をつくる!]

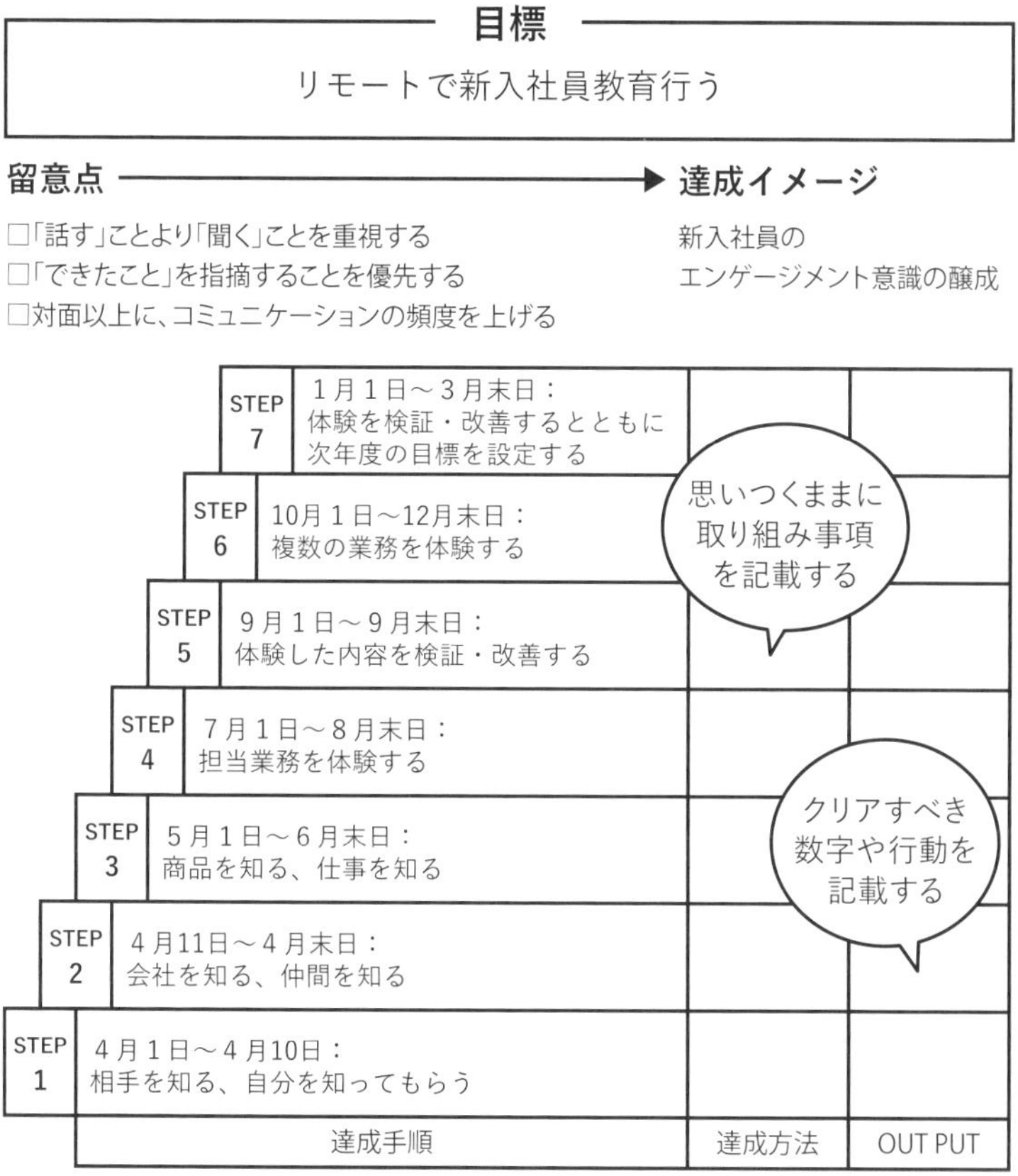

リモートで新入社員教育行う

留意点 ━━━━━━━━━━━━━━━━━▶ 達成イメージ

□「話す」ことより「聞く」ことを重視する

□「できたこと」を指摘することを優先する

□対面以上に、コミュニケーションの頻度を上げる

新入社員の

エンゲージメント意識の醸成

	達成手順	達成方法	OUT PUT
STEP 7	1月1日〜3月末日：体験を検証・改善するとともに次年度の目標を設定する		
STEP 6	10月1日〜12月末日：複数の業務を体験する		
STEP 5	9月1日〜9月末日：体験した内容を検証・改善する		
STEP 4	7月1日〜8月末日：担当業務を体験する		
STEP 3	5月1日〜6月末日：商品を知る、仕事を知る		
STEP 2	4月11日〜4月末日：会社を知る、仲間を知る		
STEP 1	4月1日〜4月10日：相手を知る、自分を知ってもらう		

思いつくままに取り組み事項を記載する

クリアすべき数字や行動を記載する

具体的行動

やるべきことをステップ表に落とし込み、各ステップには期限と留意点を明記し、進捗管理チェック表として使う。

026

計画段階の確認点③

やるべきことのダブリやモレを確認する

●WBSを活用する

「ステップ表」のほかに、**計画の進捗度合いの全体像がつかみやすく、各段階における行動を明確にできるツールに「WBS（Work Breakdown Structure／作業分解図）」**があります。これは、システム開発のプロジェクトマネジメントで使われはじめた手法であり、さまざまな計画立案に応用できます。まず目標達成のための計画に必要なすべての作業について、個々の作業工数を見積もり、階層的な系統図に表します。

●WBSのつくり方

計画でやるべきことを大きな単位で分解します。これをレベル1とします。個人の業績目標なら「新規顧客の開拓」「新規の制約」「既存顧客の維持」「既存顧客の販売拡大」などの切り口を決めます。続いてレベル1のそれぞれの切り口をさらに分解し、レベル2をつくります。「新規顧客の開拓」なら「A地区を訪問する」「B地区を訪問する」といったように**「○○を××する」とすると、やるべきことがはっきりするうえに、できたかどうかを判断する目安にできます。**

[WBSの作成ポイント]

新商品（軽量折りたたみ自転車）を市場投入する際にやるべきことをマーケティングの4PでMECE※を行い、4Pそれぞれの施策を「○○を○○する」とブレイクダウンした例

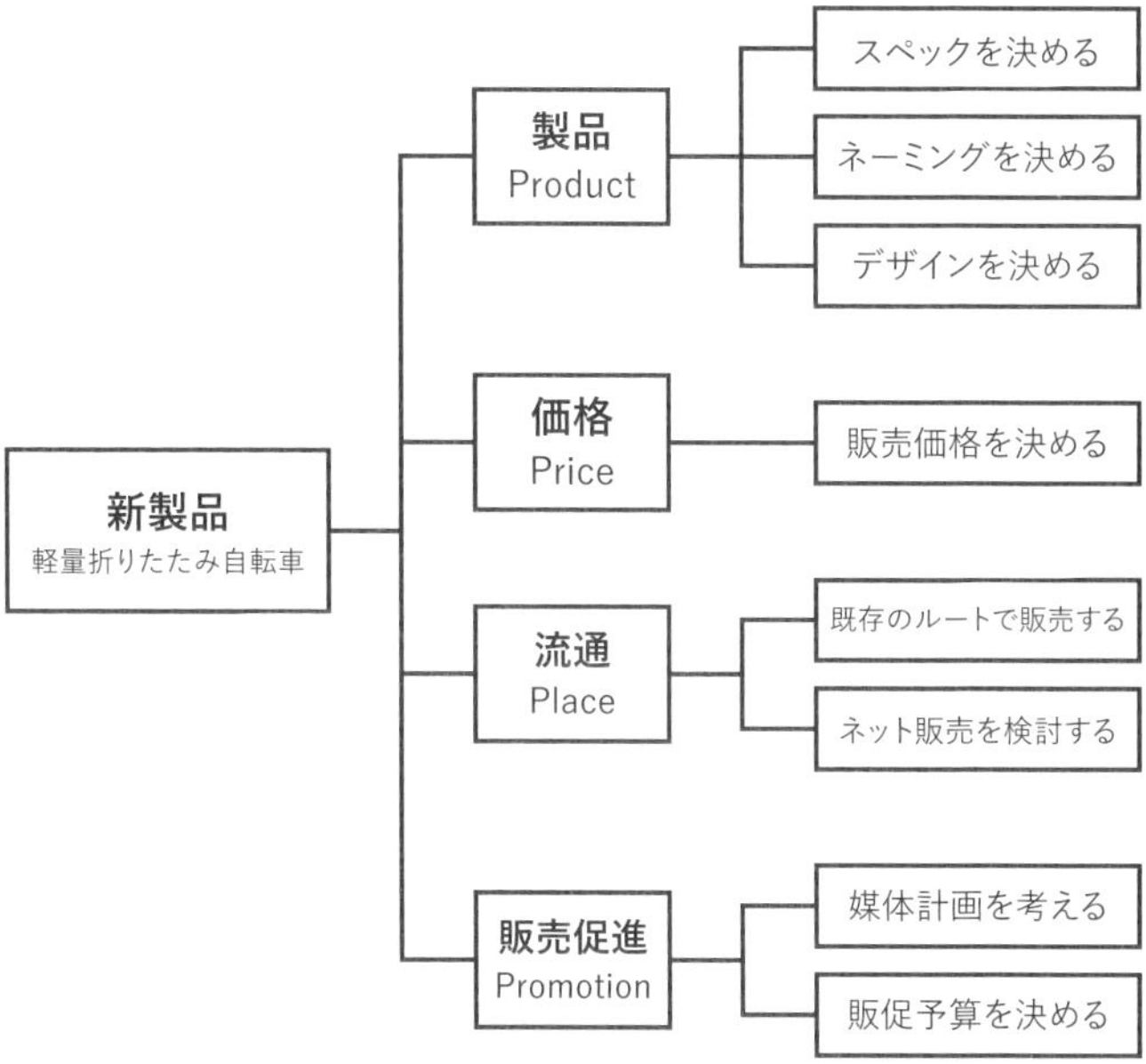

※MECEとはMutually Exclusive and Collectively Exhaustiveの略で「ダブリなく、モレなく」という意味。37ページ参照

具体的行動

目標達成のためにやるべきことをすべて洗い出し、WBS(作業分解図)にして実行手順を決める。

027

計画段階の確認点④

KGIとKPIで効果測定をする

●計画の進捗を数値で評価できるようにする

目標達成を進めるための測定指標に「**KGI（Key Goal Indicator／重要目標達成指標）**」と「**KPI（Key Performance Indicator／重要業績評価指標）**」があります。

KGIは、組織や個人のゴール（最終目標）を評価する指標のことであり、たとえば「年度の売り上げ目標」「新人事制度の開始」「ミス撲滅○％」など一定の期間の間にやるべき目標の達成度合いを評価します。KGIは現状分析し、そこから発見できた最大の課題を評価指標に設定します。

KPIは、KGIに至る過程での進捗度合いを評価する「中間目標」的な指標です。目標を達成するためには、ゴールまでのプロセスを具体的な行動に掘り下げ、その行動それぞれの達成基準を明確に設定することで最終的な目標に向かってどの程度の進捗状況かがわかります。

KPIは数値で評価できる指標にすることがポイントです。売り上げ目標なら「3カ月後に実売25％」、新制度構築なら「半年後に社内ヒアリング100％完了」などのように、一定期間ごとに区切った定量的な評価指標を設定します。

［ KGIとKPIを決める! ］

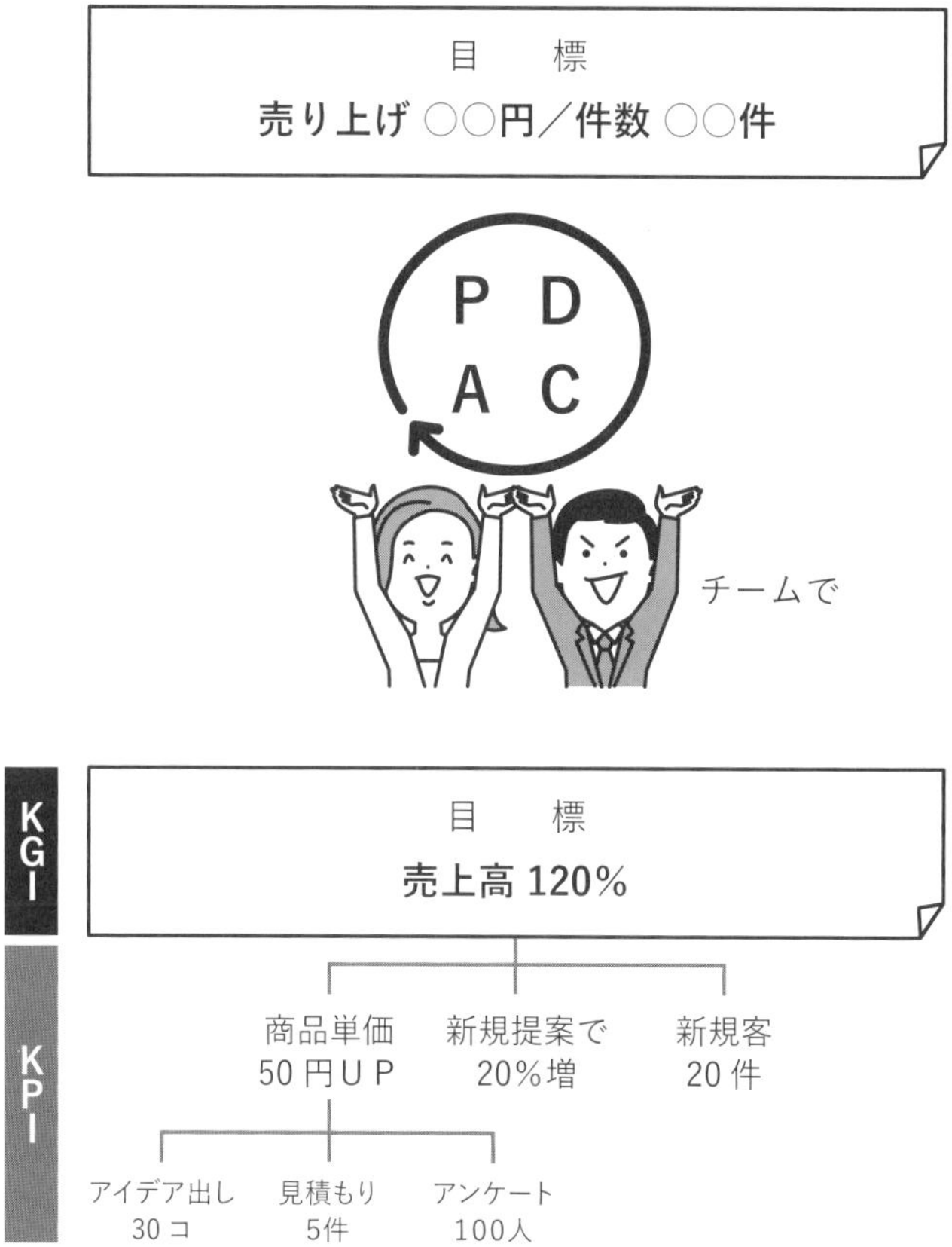

具体的行動

計画のなかで最大の課題をKGIに設定し、KGIに向けてやるべきことそれぞれについてKPIを設定する。

028

計画段階の確認点⑤

計画修正のための判断基準を決める

●状況が変化したら速やかに計画を修正する

未来に向けての工程表である計画は、完璧をめざして必要以上に時間をかけては、スタート時期が遅れ、その後のスケジュール調整が大変になります。**計画時で大切なことは「正解」を求めるのではなく、「成果」を設定すること**です。

目標とするゴールに向かって期日どおりに進めるには、計画にずれが生じたら思い切って修正することも必要です。完璧を求める人に多いのですが、はじめに立てた自分の計画にこだわり、大きく修正することに抵抗感を持ち、微修正に留めるか無理して当初の計画を進めたりします。

そもそも計画実行の途中には不測の事態が起こるかもしれません。要は、最終ゴールに到達することが目的なのですから、このままでは問題だと思えば迷わず計画の修正をしましょう。そのときの主な判断の目安が次の3点です。

①状況変化の拡大傾向（どのくらい続いたら修正するか）
②状況変化の影響度（どの程度の影響度なら修正するか）
③達成度の未達状況（どの程度落ち込んだら修正するか）

[計画の修正が求められる要因は何？]

① 国内外の経済状況の変化が大きいとき
② 当該商品の市場規模・トレンドが変わったとき
③ 競合他社が新商品・サービスを投入する動きがあるとき
④ 競合他社の営業戦略・販売戦略に変化が見られるとき
⑤ 顧客の業績が悪化していたり、事業継続が厳しいとき
⑥ 顧客からのクレームが頻発しているとき
⑦ 社内でのミスやトラブルが頻発しているとき
⑧ 社内のコミュニケーションが悪化しているとき
⑨ 中核メンバーの休職や退職が想定されるとき
⑩ メンバーの士気が落ち込んでいるとき

具体的行動

実行計画の修正が必要となる判断基準を設定し、その“予兆”に気づけるように進捗を定期的に確認する。

029

計画段階の確認点⑥

リスクを想定してトラブルを最小化する

●発生しそうなリスクから対策の優先順位を付ける

大きな事故やトラブルが発生すると必ずといっていいほど使われるのが〝想定外〟という言葉です。たしかに事前に想定できない事態もあるのは事実ですが、**多くの場合は事前に想定していたにもかかわらず、リスク対応が十分でなかったことでトラブルは起こります。**計画も、〝想定外〟を考慮しておかないと、いざというときの対応にとまどうことになります。想定外の考慮とは、要するにリスク対策ということです。

リスク対策には、「予防対策」と「発生時対策」の2つがあります。**「予防対策」はリスクそのものの発生を未然に防ぐための対策**であり、**「発生時対策」は発生した際の被害や影響力を最小限にとどめるための対策**です。

リスク対策では、リスクと考えられるものをすべて洗い出すことです。こんなことは起こりえないというリスクが「想定外」です。ただし、すべてのリスクに対策を講じることは困難ですし、時間や予算を考えると現実的ではありません。

まずは発生の可能性が高いリスク、発生した場合に影響が大きいリスクから対策を講じていきます。

[リスクの発生に備える!]

1. 新たな試みや実行段階で未知な部分があるところ
2. 主要業務で、さまざまな調整が必要なところ
3. 複数の関係者が関与しているところ
4. 指示命令系統、責任体制が不明確であるところ
5. 納期が厳しいとき、スケジュールに余裕がないとき
6. 新人が入ったとき、担当者が変わったとき
7. 会社の業績や信用に大きく影響するところ
8. 外部の環境変化によって大きく影響を受けるところ

など

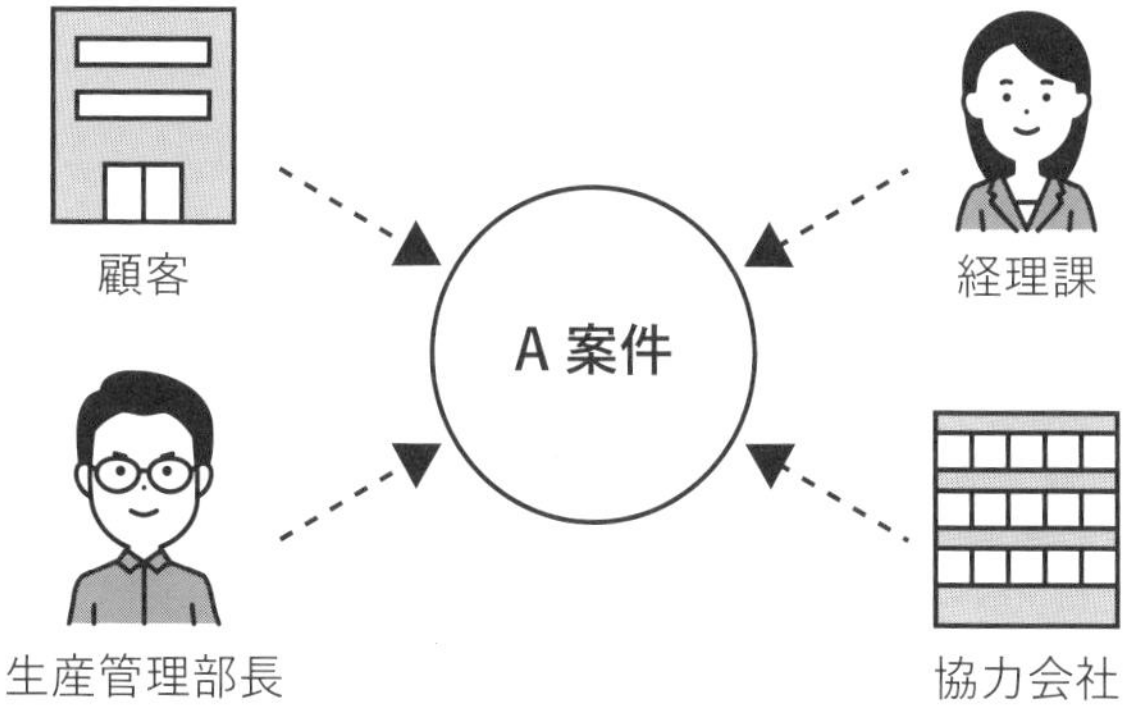

具体的行動

「予防対策」と「発生時対策」の両面について、想定できるリスクをすべて洗い出し、対策についての優先順位を決めておく。

030

計画段階の確認点⑦

チーム目標をメンバー同士が共有する

●チームとしての目標合わせを行う

目標・課題の多くは、個人ではなく組織・チームで達成したり解決したりするものです。メンバーそれぞれの役割の前提にあるのは組織としての目標であり、課題です。

もし、組織の目標に対するメンバーの理解度が不十分であったり、認識のズレがあれば、チームとしての活動の統制が取れなくなり、計画的な目標達成ができなくなります。**十人十色のチーム目標を避けるには、計画立案段階でメンバー全員を集めてミーティングを行い、理解・認識の共有を徹底**します。

●わかりやすい言葉で説明する

このとき大事なことは、**目標とする数値の根拠や目標達成に向けてのメンバーが共有することの意義をわかりやすい言葉で説明する**ことです。これには、目標が設定された背景や理由を丁寧に伝えることです。

そして、「チームとしての達成基準」「使える資源（人員、設備、予算）」「プロセスごとおよび最終的な期限」をはっきり示してメンバー一人ひとりの理解を促します。

［ 計画を共有するためのポイント！ ］

目的を確認する

用途を聞く：この計画は、誰を対象としたものですか？
　　　　　　この計画は、何に活用するものですか？

背景を聞く：この計画は、なぜ必要なのですか？
　　　　　　この計画は、どのような経緯でまとめられたものですか？

達成基準・レベルを確認する

前年比で何％増（減）をめざせばいいですか？

何％の割合で回答を得られればいいですか？

報告書には、どんな事柄を盛り込めばいいですか？

自分の役割・行動を確認する

私の役割、なすべき事柄は○○○○でよろしいですか？

私が知っておいたほうがいい事柄はありますか？

何か、参考になる資料等があれば教えてください。

具体的行動

チームとしての目標を確認し、そのなかで自分の役割が何であるかをよく認識しておき、グループウェアなどでメンバーと共有する。

第3章

《Do：実行》すぐにとりかかる！

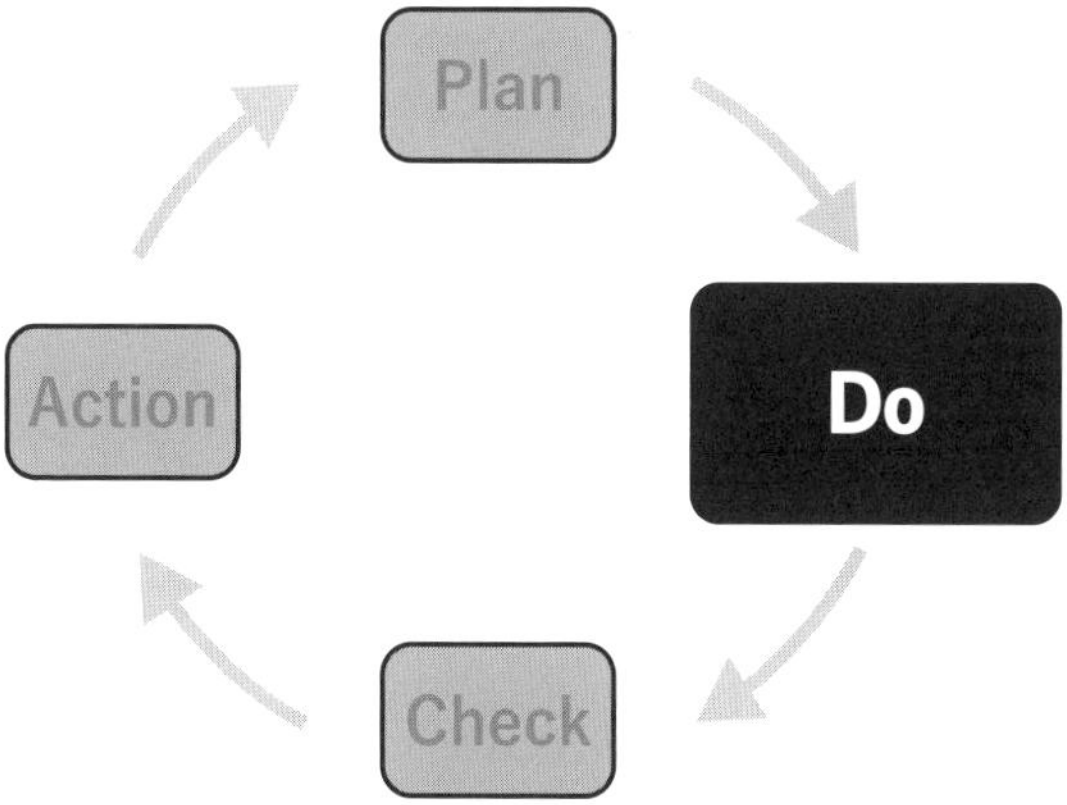

031

実行段階の準備①

不測の事態に備えておけば安心

●プランBを想定しておく

ＰＤＣＡに即して計画をよく練ったとしても、当初計画したとおりには進捗しないことがあります。ビジネス環境が変わったり、メンバーの離脱や実行途中での作業の遅延など、想定していなかった問題が起こることがあるからです。

また、経験したことがないプロジェクトでは、計画を立てても作業イメージが具体化できないとうまくできるかどうかが不安になります。

計画段階で大事なことは、**実行するときの時間に余裕を持たせること**と、突発的な出来事が起きても慌てないように、**次善の策となるプランBも想定しておくこと**です。

●段取りを組む

「準備8割、実行2割」。これは、実行するための環境を事前に整備しておけば物事がスムーズに進むことをたとえた言葉です。ここでいう準備とは、段取りを組むことです。日々のルーティンワークで作業が何かの事情で頓挫したら、その都度修正をかけますが、プロジェクト的な仕事の場合は、プランＢを用意しておくと安心です。

段取りは物語の構成や舞台回しを意味する歌舞伎用語

段取りとは、もともとは歌舞伎で使われていた言葉。物語の展開をどうするかといった構成（シナリオ）や、舞台の上げ下げをどう行うかといった舞台回しを意味した。

実行する前に、次の準備を進めておこう

- □**時間**をつくる：新しい取り組みを実行するための時間（余裕）をつくる
- □**方法**を決める：どのように実践するのか、展開方法を決める
- □**担当**を決める：誰がどのように行動するのか、事前に担当を決めておく

具体的行動

プロジェクト的な仕事の場合は、「準備8割、実行2割」を標語にして、不測の事態に備えてプランBを準備しておく。

032

実行段階の準備②

シナリオを見える化して進行管理する

●4つのステップで段取りを立てる

段取りとは、立案した計画を手順に沿って実行するためのシナリオです。作業進捗でダブリやヌケを防ぐには、シナリオを見える化する、つまり**作業の流れが計画どおりに進んでいるかが確認できる「実行管理表」**をつくります。実行管理表はエクセルなどで作成し、印刷出力しておくか、タブレット、スマホなどで必要の都度、確認できるようにしておきます。実行管理表は次の4つのステップでつくるとわかりやすいです。

ステップ1：そもそも何をめざすのか、ゴールを再確認にします。ゴールの認識にズレがあると作業自体がムダになります。

ステップ2：ゴールに向かって自分がやるべき業務も再度確認します。日常的なルーティンワークのほか、期限が決められた業務内容を確認し、その業務を進めるために必要なことを整理しておきます。

ステップ3：自分が担当する業務について、難易度が高いなど課題が発生しそうなことの対策を講じておきます。

ステップ4：やるべきことがわかったら、作業それぞれの時間を見積もります。

[段取りをつけるための4ステップ]

STEP 1　ゴール（目標）を確認する
↓
STEP 2　担当する業務を確認する
↓
STEP 3　実行時の課題対策を講じておく
↓
STEP 4　やるべき業務の必要時間を見積もる

具体的行動

実際に仕事を進めるときの作業進捗を管理するために実行管理表をつくり、プリントアウトやスマホなどで常に確認できるようにする。

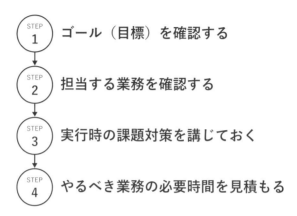

033

実行段階の準備③

やる気を刺激して実行力を上げる

●やる気を起こす秘訣

やることが決まっているのに、仕事モードに入れずになかなか行動に移せないことがあります。そうしたときは、「とにかくはじめる」ことです。**やる気がないときに行動力を上げるにはとにかく目の前にある仕事に着手する**と徐々に仕事モードに入れます。そして気持ちのうえでやる気を刺激するためのインセンティブ（報奨）があれば、さらにやる気が上がります。その原動力になるのが次の3つです。

①目標や課題に対する関心や納得感：目標や課題がやらされ感ではなく、自分ごと化してとらえると納得感が得られ、やる気が喚起されます。

②成果に対する評価・報酬：成果を出すことでどんなベネフィット（利益）が得られるかがわかっていると人はモチベーションが上がります。報酬は金銭的なものに限らず、上司や同僚から認められることなど精神的な満足感なども効果的です。人は認められることで嬉しさを感じ、やる気ホルモンのドーパミンが分泌されます。

③組織やメンバーに対する責任感：自分の行動により組織やメンバーの目標達成が実現できるとの責任感や使命感が感じられると自発的に行動するようになります。

[モチベーションを上げる小ワザ]

① その日の目標を決める
「今日は企画書を3本書こう」「午前中までに明日提出の発注書をつくる」「今日1日の仕事の時間割をつくる」など、毎日小さな目標を立てることでやるべきことがはっきりすると、仕事への取り組み意欲が湧いてくる。

② 仕事記録をつける
スマホのスケジュール管理アプリや時間目盛り入り手帳を使って、30分単位での作業記録をつけ、実施した作業を客観視できると仕事への取り組み姿勢が前向きになる。

③ 仕事開始前に余裕時間を設ける
始業時間の1時間前には仕事を開始するようにすると気持ちに余裕が出てくる。

④ 小さな整理整頓をする
やる気や集中が切れたときは、身の回りの整理整頓をすると気分転換になり、リフレッシュができる。

⑤ 思い切って仕事を休む
ダラダラと作業をするようなら、思い切って休みをとり、メリハリを付けて気持ちをリセットする。

※130 ページにも参考情報があります

[WOOPの法則を活用してみる！]

今月の売上目標の達成といった短期的な目標をやり切るための意欲の継続に使える手法に「WOOPの法則」がある。Wish(願望)→Outcome(結果)→Obstacle(障害)→Plan(計画)の4つのステップを経ることで思い描いたことを達成する。

① **Wish(願望)** ―― 簡単すぎず難しすぎない願望
例）売上120％達成

② **Outcome(結果)** ― 最高の結果状態を想像する
例）月間MVPで表彰！

③ **Obstacle(障害)** ― 願望や目標の障害となることは？
例）コロナ禍での訪問制約

④ **Plan(計画)** ―― 障害をどうクリアするか？
例）要点を絞った説明資料によるオンライン営業

具体的行動

やる気が出ないときはどんなときかを振り返り、やる気が出たり、集中するための自分の流儀を決めておく。

034

時間管理の段取り①

時間管理力を身につける

●限られた時間内にやるべきことを処理する

「頑張って計画したのに半分もできなかった」と嘆く人がいます。あれもやろうこれもやろうと欲張りすぎたことで時間切れになり、結果が出せなかったというのはよくある話ではないでしょうか。いわゆる、計画倒れというやつです。計画倒れになるのは、時間管理の方法がよくわかっていない人に起きやすいです。

時間管理の上手な人は、毎日繰り返す作業や経験したことのある業務についてなら、おおよその標準時間を見積もっています。企画書をつくるにはおおよそ○時間、見積書の作成は○分などと感覚的に把握しています。これに加え、1日の業務時間の配分をある程度考えながら仕事をするので、残業をせずに結果を出すことができるのです。こうした人はできる人とか、段取り上手な人といわれたりします。

成り行きで仕事をするのではなく、1日の仕事の量を把握してから午前にはこの仕事を済ませ、午後からはあの仕事を○時までに終えるようにしようと決めているのです。

そして、仕事に遅延が起これば翌日に回そうと考えるのではなく、その日に決めたことはその日に終わらそうとして処理スピードを上げられる人が段取り上手な人です。

【ドラッカーの時間管理術から学ぶ】

20世紀を代表する経営学者でマネジメントの父ともいわれたピーター・ドラッカー氏は結果を出すためには時間を見積もることの大切さを提唱している。

“成果を上げる者は、仕事からスタートしない。
時間から出発する。
計画からもスタートしない。
時間が何に取られているかを
明らかにすることからスタートする。”

そのうえで、成果を出すためには
次の3段階のプロセスが大事だとしている。

①時間を記録する： 時間が何に使われているかを知る
②時間を管理する： 時間のムダになることは排除する
③時間をひとまとめにする： 1つの作業を細切れにせず、まとめて一気に処理する

具体的行動

毎日自分は時間をどのように使っているかを知るために記録を取り、それを振り返りの材料にして時間管理力を磨く。

035

時間管理の段取り②

時間の記録で仕事の仕方を振り返る

●時間の棚卸しをする

前項で時間を記録することが成果を上げるためには重要であることを述べました。つまり、**時間の記録とは作業にムダがないかを確認する時間の棚卸し**ということです。時間を記録してその使い方を振り返ることは時間ダイエットにもつながります。時間ダイエットによりムダな時間を発見することと、実際に仕事をしている時間にどれほど有効な作業が行えるのかを確認します。仕事をしている時間にどれほどの成果を上げられるかが見えてくると仕事の質の上げ方もわかるようになります。

次の2つの方法で自分の行動を記録し、ムリ・ムダ・ムラを発見します。

①1日30分単位で記録する

自分の時間の使い方を時間目盛りのある手帳やスケジュール管理スマホなどに記録する。何にどの程度を使っているかを見える化する。

②1週間または1カ月連続して記録する

1週間続けてみて時間が有効に使えているかを振り返る。自分の時間の特徴を分析する。1カ月続けることで時間記録を習慣化する。

[1週間単位の時間記録]

□見開き1週間単位のスケジュールが記入できるツール（手帳等）を用意する

□記録する項目とそれぞれの記号を決める

ex.　S＝睡眠　M＝食事　T＝移動　W＝仕事　H＝家事
B＝風呂　C＝交際　TV＝テレビ　NT＝PC、ネット
L＝勉強　F＝自由時間　　等

□時間軸に沿って記録し、1週間または1カ月の傾向を分析する

ポイント　☑多すぎる、少なすぎると感じた時間をチェック
☑規則性がある、規則性がない時間をチェック
☑重視すべき時間が確保されているかをチェック

〈記入例〉

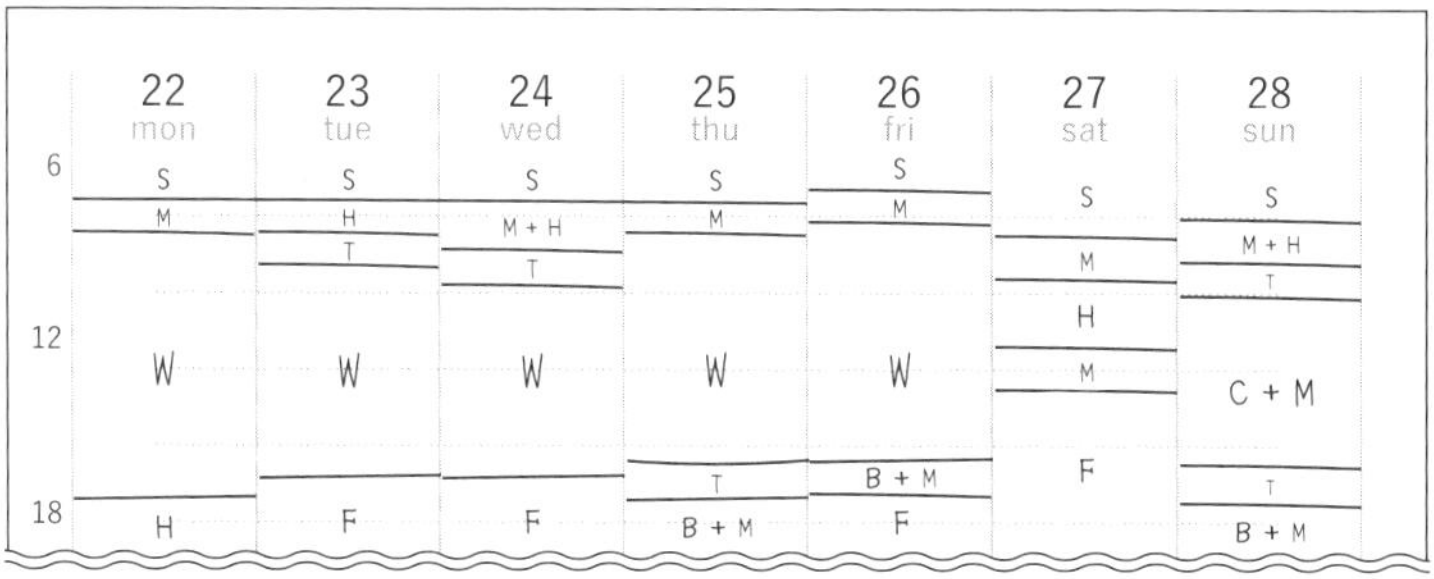

具体的行動

時間記録を1週間継続してみて、自分の仕事の成果がどれだけ出ているかを振り返り、仕事の質の上げ方を考える。

036

スキルアップの段取り①

目標を区切って実行力を上げる

●小さなPDCAを回す

PDCAでPがはじめにあるのは、仕事はゴールがはっきり見えていないとどう作業を進めていいか、段取りが付けられないからです。「年間売上目標1千万円」「年度末までに新製品を開発する」といった目標達成のために計画を進めるにあたって、作業のフローチャートをつくり、それに従いやるべきことを淡々と実行していくことを繰り返すことで結果を出すスキルが身につきます。

このように目標管理の場合、達成成果と期限を決めて実行していきますが、**着実に結果を出すには、やるべきことのプロセス管理を常に見えるようにしておく**ことです。ここが、できる人とそうでない人の違いです。

できる人はプロセスごとの達成目標を決めてその都度確認して次のステップに移ります。そうでない人はプロセス管理をせずに、最後になって慌てて挽回しようとするものの後の祭りということになります。

段取り力を磨くには、ゴールの途中で作業の進捗具合がわかるように、途中段階ごとの目標を設定し、小さなPDCAを回していくことです。

［ 小さなPDCAの回し方 ］

① ゴールまでの途中段階でいくつか確認ポイントを設定する

〈例〉四半期ごと、1カ月ごとなど

② 確認ポイントの目標を設定する

〈例〉4〜6月：最終目標の 30%、7〜9月：同 30%、10〜12 月：同 30%、
1〜3月：同10%（第4四半期に余裕をもたせ、振り返りと翌年の計画の時間を確保する）

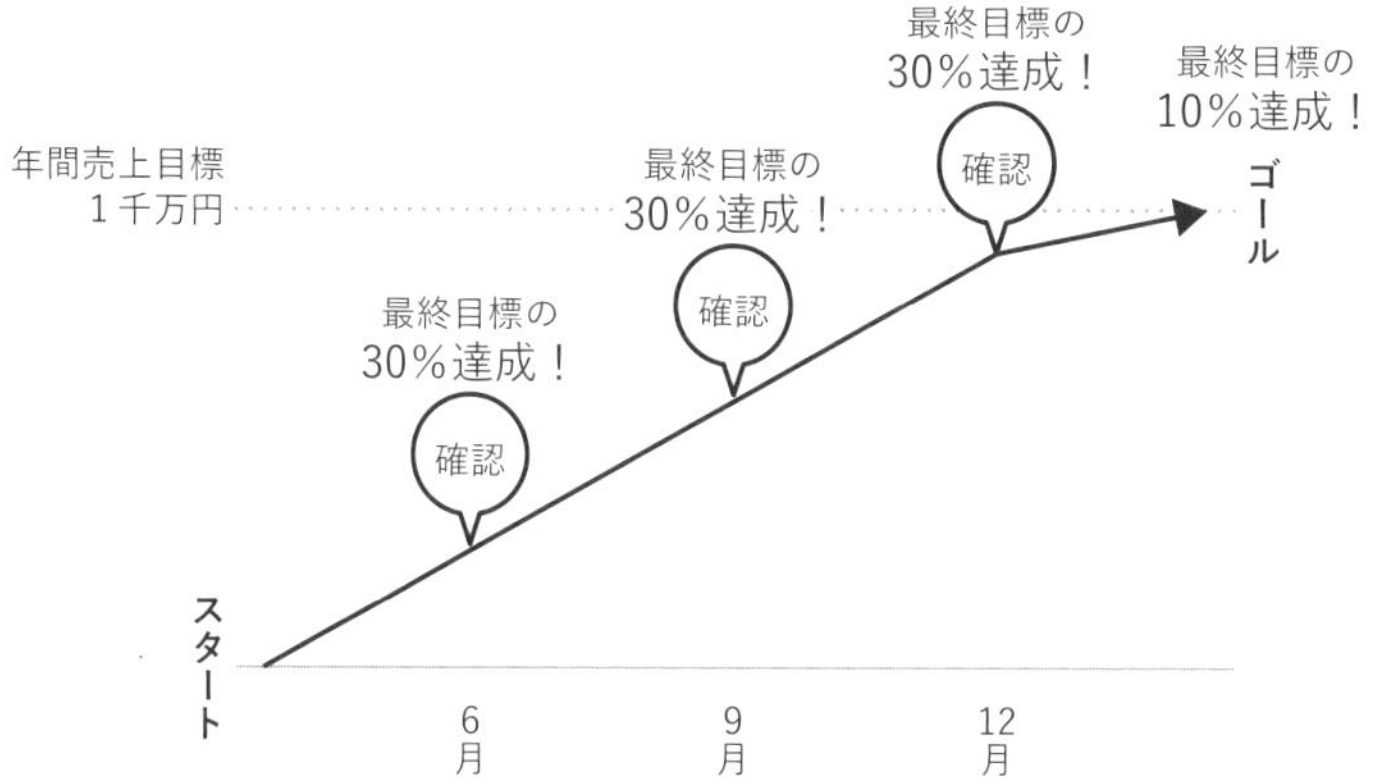

具体的行動

年間目標などは四半期や単月ごとの目標を明確に設定し小さなPDCAを回し、着実にやるべきことが実行できる計画にする。

037

スキルアップの段取り②

やり抜く力を鍛えて実行力を上げる

●「グリット理論」に学ぶ

ゴールに向けて段取りよくやるべきことを実行し、確実に結果を出すにはやり抜く力を鍛錬することです。米国の心理学者アンジェラ・リー・ダックワース氏は成功するにはやり抜く力「グリット理論」が大きく関係するとして注目されました。グリットとは「苦難に耐え抜く根性」と訳されますが、厳しい環境で訓練する軍人や過酷な環境にある教師などの研究からダックワース氏は成果を出す人に共通しているのが、やり抜く力が高いことを突き止めました。そして、グリットが高い人は楽観主義的であることが多く、小さな成功体験を多く持っていることも共通していたそうです。

ＰＤＣＡは目標をやり切るための手法ですが、**グリットを鍛えるには日々の目標を毎日継続していく実行力が大事**です。ＰＤＣＡで必ず結果を出すには、「絶対にやりきるんだ」という強い意志を持ち続けることです。

また、**グリットを強くするには成功体験がカギ**となるので、前項で紹介した小さなＰＤＣＡを回すことで達成経験を積み重ねていくことが有効です。そして、目標達成を楽観的にとらえて仕事を進めることです。

［ グリットで目標達成する！ ］

グリット　＝　やり抜く力

GRIT

【grit】… どんな困難にも耐える根性、気骨

□グリットを高めるには

①日々の目標を立てる
②自分のやりやすい方法を見つける
③楽観的に挑戦する

□グリットを鍛える４つのステップ

①目的意識を持つ	誰かのために役立つと思いながら取り組む（人のためになることでやる気が出る）
②興味を持つ	好きなことだからやる気が出る
③継続的に練習する	インセンティブなどの続けられる仕組みを入れる
④希望を持つ	試行錯誤はあるかもしれないが、問題があれば修正しながらやり切ろうと思う

⬇

目標達成！

具体的行動

目標をやり切るために日々の目標を設定し、1つひとつ継続的に実行していくことでグリットを鍛錬する。

038

スキルアップの段取り③

関係者の進捗把握で実行力を上げる

●コミュニケーションツールを活用する

段取り力が高い人ほど、自分に関連する他者の仕事の状況を把握しているものです。会社における仕事とはさまざまな関係者との連携で成り立つものであり、関係者とどのような仕事をするとよりレベルの高い結果が出せるかがよくわかっているからです。

そのため、**段取りを組む際には、自分の予定だけでなく、上司や同僚、顧客や協力会社等の予定も把握しておくことが成功のカギ**です。

リモートワークが増えたことで連携が取りにくくなったという職場もありますが、逆にＳｌａｃｋなどのリアルタイムでコミュニケーションが取れるチャットツールを上手に活用することで以前よりもチームの情報共有化が進んだというところもあります。

計画実行の着手のスピード化にこうしたツールをどう活かすかがこれからさらに問われてきます。**チームとしての段取り力を高めるには、まずはチーム内で共有すべき情報がモレなく、早く伝わる仕組みを整える**ことです。

ただし、情報共有ツールが便利だからといって時間を考えずに頻繁に発信しているとストレスの元になるので、一定のルールを設けておくことが肝心です。

[チーム内の情報を見える化する！]

手帳やスマホに予定を書き込む際、自分の予定だけでなく、上司や同僚、顧客の情報も記載しておくとよい。

1. 予定が決まったらすぐに記入する（個人の予定と他者の予定を色分けして記入する）
2. 気になること、気づきやアイデアがあったら書き込む
3. 上司への相談事項、メンバーへの伝達事項も記載する
4. カコミや記号を使って、状況が一目でわかるようにする
5. 何か変更があったり、気になることが発生したらスケジュールを見返す習慣をつける

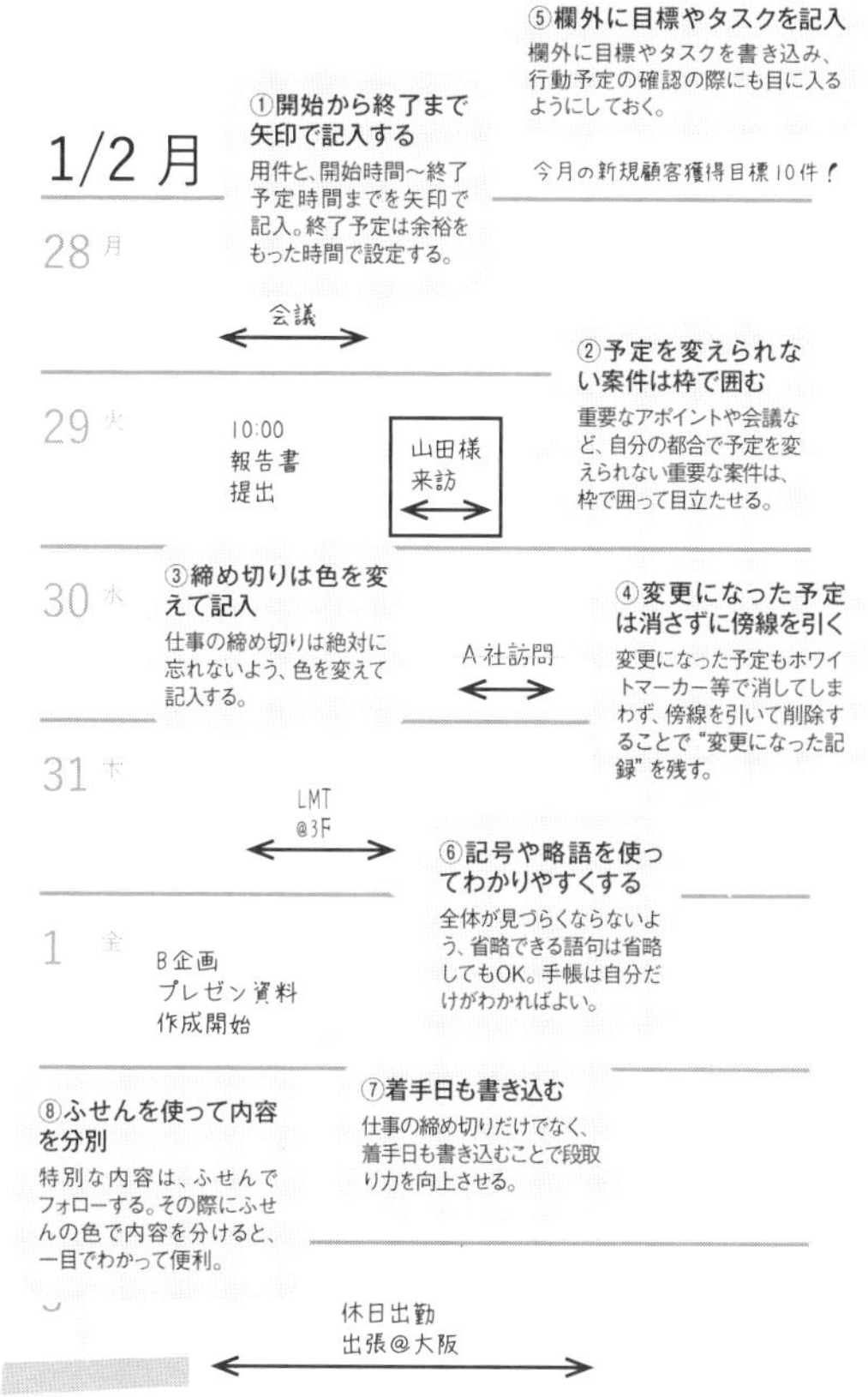
⑤欄外に目標やタスクを記入
欄外に目標やタスクを書き込み、行動予定の確認の際にも目に入るようにしておく。
今月の新規顧客獲得目標10件！
①開始から終了まで矢印で記入する
用件と、開始時間～終了予定時間までを矢印で記入。終了予定は余裕をもった時間で設定する。
1/2 月
28 月
会議
②予定を変えられない案件は枠で囲む
重要なアポイントや会議など、自分の都合で予定を変えられない重要な案件は、枠で囲って目立たせる。
29 火
10:00
報告書
提出
山田様
来訪
30 水
③締め切りは色を変えて記入
仕事の締め切りは絶対に忘れないよう、色を変えて記入する。
A社訪問
④変更になった予定は消さずに傍線を引く
変更になった予定もホワイトマーカー等で消してしまわず、傍線を引いて削除することで"変更になった記録"を残す。
31 木
LMT
@3F
⑥記号や略語を使ってわかりやすくする
全体が見づらくならないよう、省略できる語句は省略してもOK。手帳は自分だけがわかればよい。
1 金
B企画
プレゼン資料
作成開始
⑦着手日も書き込む
仕事の締め切りだけでなく、着手日も書き込むことで段取り力を向上させる。
⑧ふせんを使って内容を分別
特別な内容は、ふせんでフォローする。その際にふせんの色で内容を分けると、一目でわかって便利。
休日出勤
出張@大阪

具体的行動

ビジネスチャットツールの予定管理機能を活用して、チーム内の情報共有レベルを上げる。

039

スキルアップの段取り④

不確実性なことはチームワークで結果を出す

●結果を出すには総合力

チームとは、共通の目標のもとにメンバーが集まり、それぞれ役割を分担して協同しながら結果を出す小集団のことです。メンバーそれぞれが持つ強みを発揮して全体の相乗効果を図りながら最大の効果を生み出すことにつなげることが良いチームの条件です。よって、**やるべきことがそれぞれの得意分野に振り分けることができたとき、チームの段取り力が高まる**ことになります。

現代はＶＵＣＡの時代と言われます。ＶＵＣＡとは変動性・不確実性・複雑性・曖昧性の頭文字であり、そもそもは予期せぬ事態を表す軍事用語です。新型コロナや突発的な自然災害など予期せぬ事態がいつ起きてもおかしくないいま、高いパフォーマンスで結果を出すにはチームの総合力がとても重要です。一人ひとりの個人の力が強くても、その力が足し算ではチーム力は大きく上がることはありません。掛け算になることで総合力として何倍もの力に変わります。

チームとしての段取り力を高めるには、チームワークとしての共同体制を構築することです。それにはリーダーのリーダーシップ力がカギを握ります。

［ チームワークに必要な要素 ］

① 共通の目標がある
② メンバーの役割が明確である
③ メンバー間の情報が共有化されている
④ メンバー同士に協力姿勢がある
⑤ 目標に向けてポジティブな空気が醸成されている

VUCA《ブーカ》とは

Volatility（変動性・不安定さ）
Uncertainty（不確実性・不確定さ）
Complexity（複雑性）
Ambiguity（曖昧性・不明確さ）

具体的行動

チームワークに必要な5つの要素が揃っているかを確認し、チーム内での共通認識を図ることで結果を出す仕事スタイルにする。

040

やるべきことの確認①

WBSの精度が高いと仕事がはかどる

●予習をすることでダブリやモレをチェックする

「計画」段階でやるべきことを整理するためにWBS（ワークブレイクダウンストラクチャ／作業分解図）を作成しました（66ページ参照）。WBSは段取りよく作業を進めるための工程表ですので、計画段階でしっかりつくり込んでおきます。

WBSによる作業では、やるべきことができるだけ具体化されていると着手しやすくなります。細かい指示がなくてもできる作業はおおよそやることがわかるレベルでかまいませんが、経験したことがない作業や複雑な作業については詳細に細分化して、小さな単位でやるべきことがわかるようにします。

新製品の営業なら、サンプルやパンフレットなど、どの営業ツールを用意するかのリストの準備や、セールストークの際の要点をまとめておくなど現場をイメージして準備します。これは予習みたいなもので、予習をしておくことでダブリやモレの発見にもなります。

そしてそれぞれ分解した作業がきちんと完了できたかの確認も行っておきます。これは88ページで説明した小さなPDCAを回すイメージです。

[小さなPDCAを回す！]

ＷＢＳで分解した作業の完了確認と改善のために
小さなＰＤＣＡを回して、経験知を溜めていく。

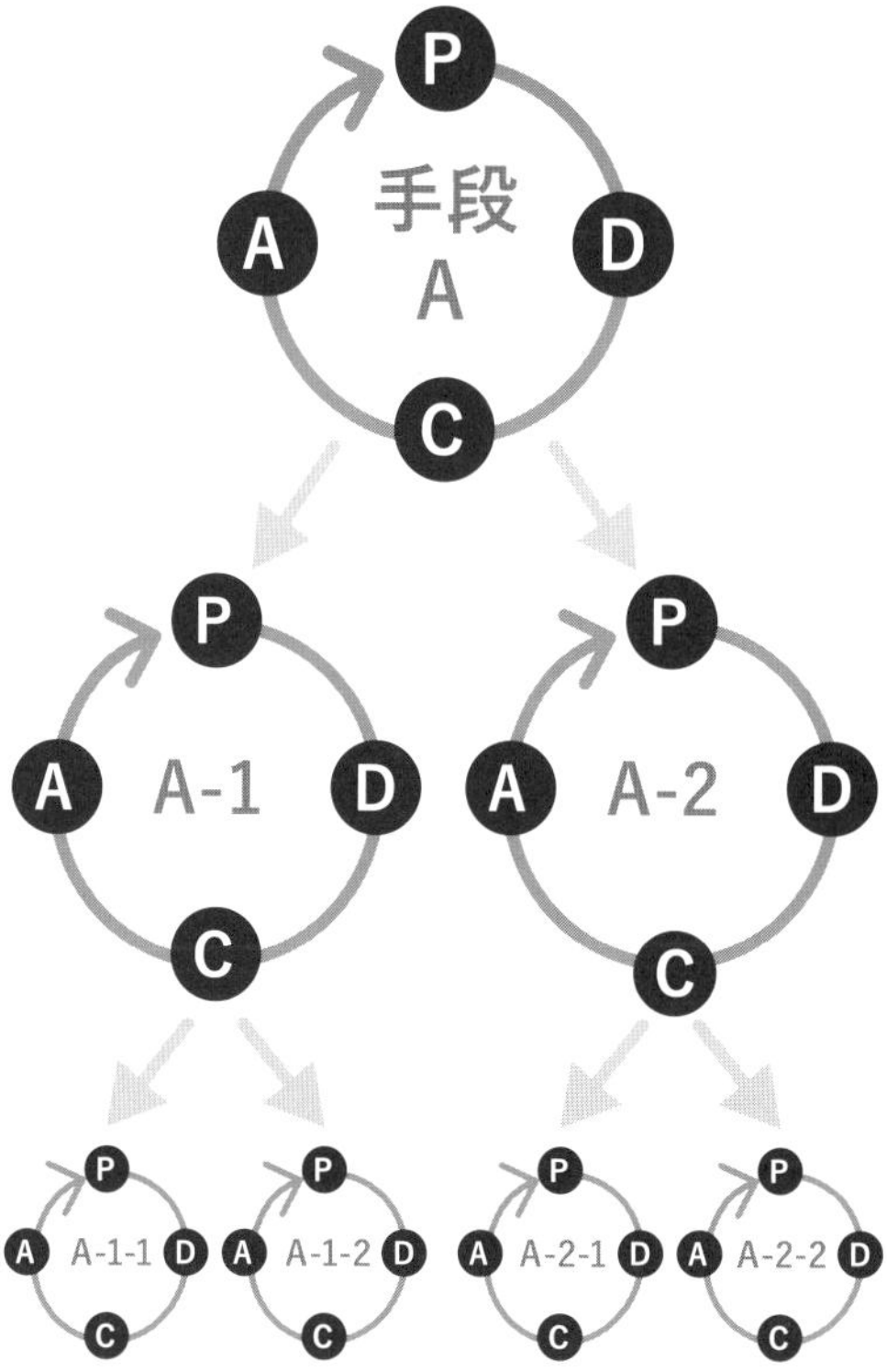

具体的行動

WBSでの分解単位ごとの作業についてやるべきことを具体化しておき、小さなPDCAを回して経験知を溜めていく。

041

やるべきことの確認②

ＴｏＤｏリストでやるべきことを見える化する

●作業のダブリやモレを防ぐ

やるべきことを確認したら、「ＴｏＤｏリスト」をつくります。ＴｏＤｏリストとはやるべきことの一覧表のことで、ダブリやモレをなくす備忘録の代わりにもなります。日常的な作業でも忘れることがありますが、ＴｏＤｏリストにしていつでも見える化しておけば、うっかり見逃しが防げます。段取り上手な人は着実に作業をこなすためにＴｏＤｏリストを有効活用しています。スマホのメモ機能を使ったり、カード化して手帳に挟んだり、胸ポケットに入れたりしていつでも確認できるようにしています。スマホのタスク管理アプリだと修正や更新が簡単です。

ＴｏＤｏリストを段取りツールとして活用するには、次の点は必須項目です。

●やるべきことが具体化されている
●達成するまでの期限を入れる
●何をもって完了かの基準を決める

ＴｏＤｏリストは作業中にいつでも確認できるようにしておくだけで作業進捗が具体的にはかれる、シンプルでありながら強力なツールです。

【 To Do リストの活用ポイント！ 】

□優先度の高いものを上位に記す

・「緊急度 × 重要度」や、「難易度 × 影響度」等で優先順位を検討し、上位のものから記載する

□やるべきことを具体的に記す

・「ミーティングを開催する」ではなく、「新商品開発についてオンラインミーティングを開催する」のようにテーマや実施方法も入れるとよりわかりやすい

□期限や所要時間を記す

・完了期日と所要時間を入れる

具体的行動

ToDoリストはいつでも確認でき、メモなどを書き入れられるように紙もしくはスマホなどで管理できるようにしておく。

042

やるべきことの確認③

ゴールから逆算して順番を決める

●目標からさかのぼって作業を分解する

ゴールまでにやるべきことを分解するには、ゴールから逆算して作業をリストアップするとスムーズに行えます。

あなたが人事部の教育担当だとしましょう。「新任課長研修」を任されました。まずは、何をするかをすべて書き出します。このとき使えるツールが第2章でも紹介した**5W3H**です。「いつ（When）・どこで（Where）・誰が（Who）・何を（What）・なぜ（Why）・どのように（How）・いくらで（How much）・どのくらいで（How many）」をもとに、「○月○日○時に・社外研修施設で・新任課長が・管理者研修を・スキルアップのために・研修講師を招き・予算○○万円で・1日かけて」実施することを決めたとします。

このとき、「研修を開始する」というゴールからさかのぼってやるべきことを洗い出します。「対象者への案内」「会場手配」「講師依頼」「当日の進行」「実施報告書の作成」などが列挙できたら、それぞれの所要時間を見積もり、期限を決めます。ここで洗い出された要件について着手の優先順位を決め、効率的に作業を進めていきます。

[ゴールから逆算して作業項目を分解していく]

新任課長研修　「○月○日○時に・社外研修施設で・新任課長が・管理者研修を・スキルアップのために・研修講師を招き・予算○○万円で・１日かけて」実施

ＴｏＤｏをさかのぼって列挙

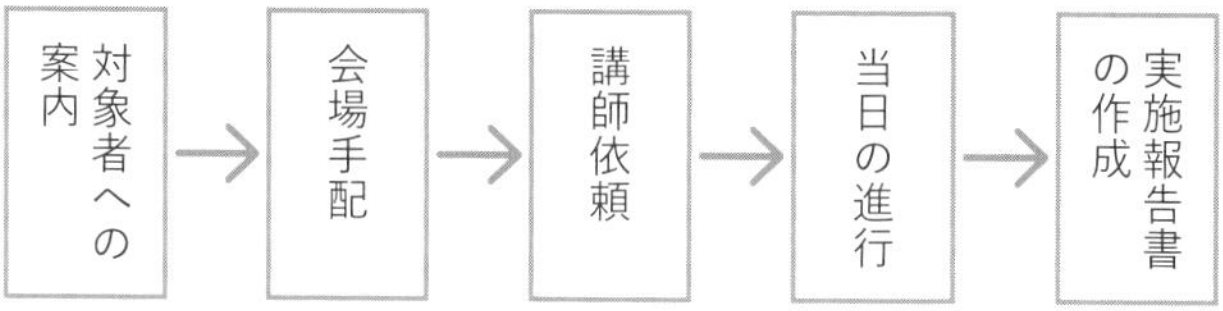

ゴールから逆算して手順を細分化

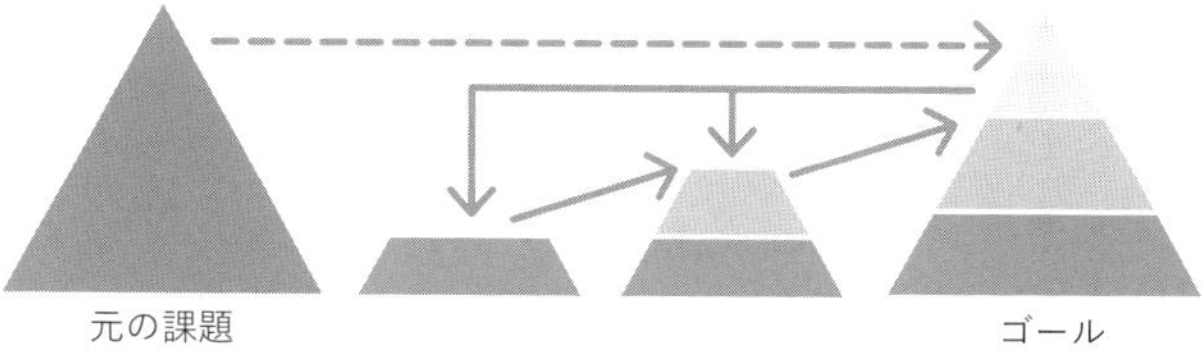

作業グループごとに細分化

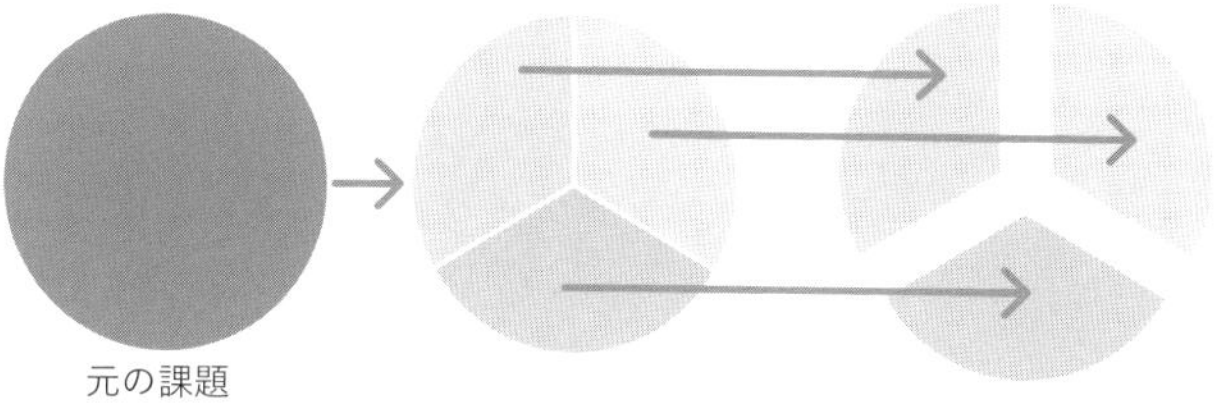

具体的行動

目標達成のためにやるべきことを明確にするために、最終ゴールからさかのぼってToDoを列挙してみる。

043

日程管理のコツ①

PDCAはスケジューリングがカギ

●デッドラインを設ける

ＰＤＣＡを上手に回していくカギはスケジュール管理にあります。仕事には必ず納期があります。仕事がどれほど丁寧であっても納期が遅れれば、信用を失うことになります。それほど納期は重要です。**納期を遵守するには、やるべきことの所要時間を適切に見積もることです。そして、早く着手すること。**ここが仕事ができる人とそうでない人を分ける境目です。

ＴｏＤｏリストでやるべきことを整理し、各所要時間を見積もり、完了の基準を決めたら、それに従って実行するだけです。とはいうものの、完了までに時間的に余裕があると先延ばしにすることが多いのではないでしょうか。

これを防ぐには、**あらゆるタスクに締切を決めて時間内に作業を終えるデッドライン仕事術を習慣にする**ことです。スマホやＰＣのスケジュール管理アプリのリマインダー機能を上手に使い、見積書や報告書の作成など日常的に発生するような細かい作業はデッドライン仕事術で処理するようにします。

［ デッドライン仕事術の3つのポイント ］

Point1　タスクごとに所要時間と完了日を設定する
Point2　その所要時間内に必ず終えるように段取りする
Point3　完了日に必ず間に合うように段取りする

［ スケジュールを段取り良く進める手順（例） ］

STEP 1　既存の予定事項を含めやるべき事項をリスト化する

STEP 2　すぐに処理できる仕事は終わらせてしまう

STEP 3　他者と協働する作業を優先して予定を書き込む

STEP 4　納期を念頭にリスト化した作業を予定表に書き入れる

STEP 5　ヤマ場となる時期を発見し、集中できる環境を整える

STEP 6　収まりきれない仕事の対応方法を考える

STEP 7　関係者とスケジュールを確認し、合意を得る

具体的行動

デッドライン仕事術の習慣化のために、作業時間内でその日のタスクを終え、納期は期日を設定して遵守する。

044

日程管理のコツ②

スケジュール管理ツールを使って期限を守る

●ガントチャートを使う

日々の仕事レベルの向上や目標管理に活用されるPDCAは、プロジェクト管理における基本ツールでもあります。**プロジェクト管理では、品質・コスト・時間の3つの要素をバランスをとりながら管理し、期限内に成果を出す**ことが求められます。その目的を果たすためのスケジュール管理に使われているのが「ガントチャート」です。

米国の機械工学者ヘンリー・ガントがものづくりの現場で開発した手法ですが、製造現場に限らず、システム開発などプロジェクト的な業務に広く活用されています。縦軸に作業名を、横軸に時間目盛りを入れるだけのシンプルな工程表であるため、周年行事や製品発表会などのイベントでもよく使われています。

ガントチャートの主な利点は次の3つです。

①作業とその所要時間が可視化されているので、どの作業をいつはじめ、いつ終わらせるかがひと目でわかる

②計画と実績の差異が可視化できる

③チームで取り組む場合、他者の作業と自分の作業の関係が見てわかる

[ガントチャートの例]

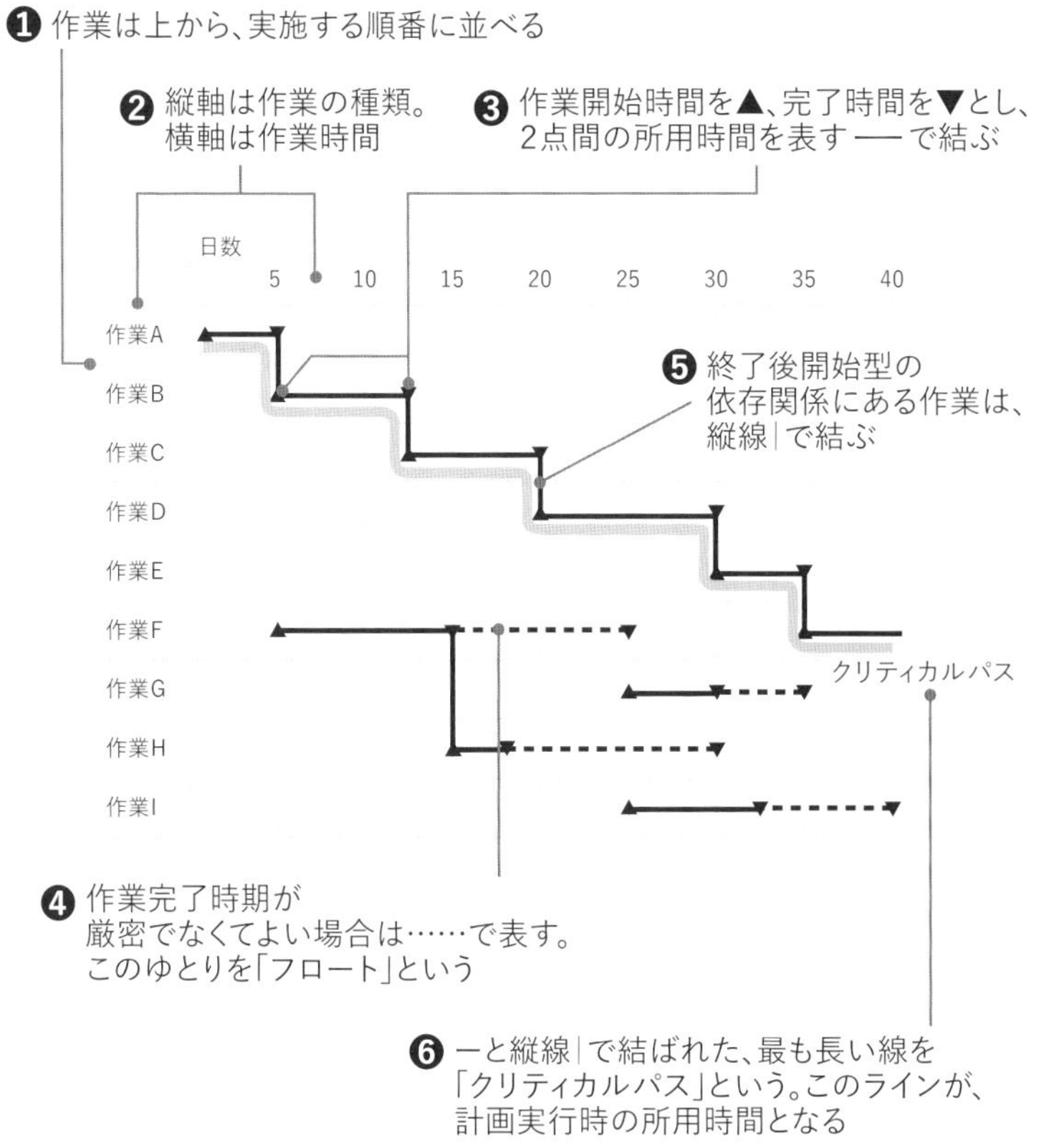
❶ 作業は上から、実施する順番に並べる
❷ 縦軸は作業の種類。
横軸は作業時間
❸ 作業開始時間を▲、完了時間を▼とし、
2点間の所用時間を表す ── で結ぶ
日数
5
10
15
20
25
30
35
40
作業A
作業B
作業C
作業D
作業E
作業F
作業G
作業H
作業I
❺ 終了後開始型の
依存関係にある作業は、
縦線｜で結ぶ
クリティカルパス
❹ 作業完了時期が
厳密でなくてよい場合は……で表す。
このゆとりを「フロート」という
❻ ーと縦線｜で結ばれた、最も長い線を
「クリティカルパス」という。このラインが、
計画実行時の所用時間となる

具体的行動

プロジェクト的な業務ではガントチャートをつくり、品質・コスト・時間の3つの要素のバランスをとりながら、作業工程を可視化する。

045

日程管理のコツ③

突発的な仕事には代打を用意する

●スケジュール管理におけるリスクマネジメント

突発的な仕事が飛び込んできて、それまでの作業が中断することがあります。**飛び込み仕事などの場合、緊急度&重要度で優先順位を付けて、どちらを先に進めるかを判断**します。判断するには、それぞれの所要時間を見積もり、いつまでに完了できるかを概算します。これが基本セオリーです。

そうはいっても、両方とも大事ということもあります。そのときは代わりの人にお願いするか外注するしかありません。本人以外でもできる作業、たとえば企画書や提案書のPCでの清書、顧客訪問など自分が忙しくてできない場合を想定して、代打要員を予め決めておきます。

これには、普段から代打要員と円滑なコミュニケーションがとれている必要があります。こうしたときに備えて、できる人は周囲で困った人がいれば、自分のできる範囲で協力して貸しをつくっておいたりします。

また、急な仕事に対応してくれる外部業者をいくつか持つようにしている人もいます。これがスケジュール管理におけるリスクマネジメントです。

[飛び込み仕事への対応]

□緊急度＆重要度で判断する
□仕事の所要時間を見積もり、完了日を概算する
□本人が対応できなければ、代打を出す
□代打とのコミュニケーションをよくしておく
□急な仕事に対応してくれる外部業者をストックしておく

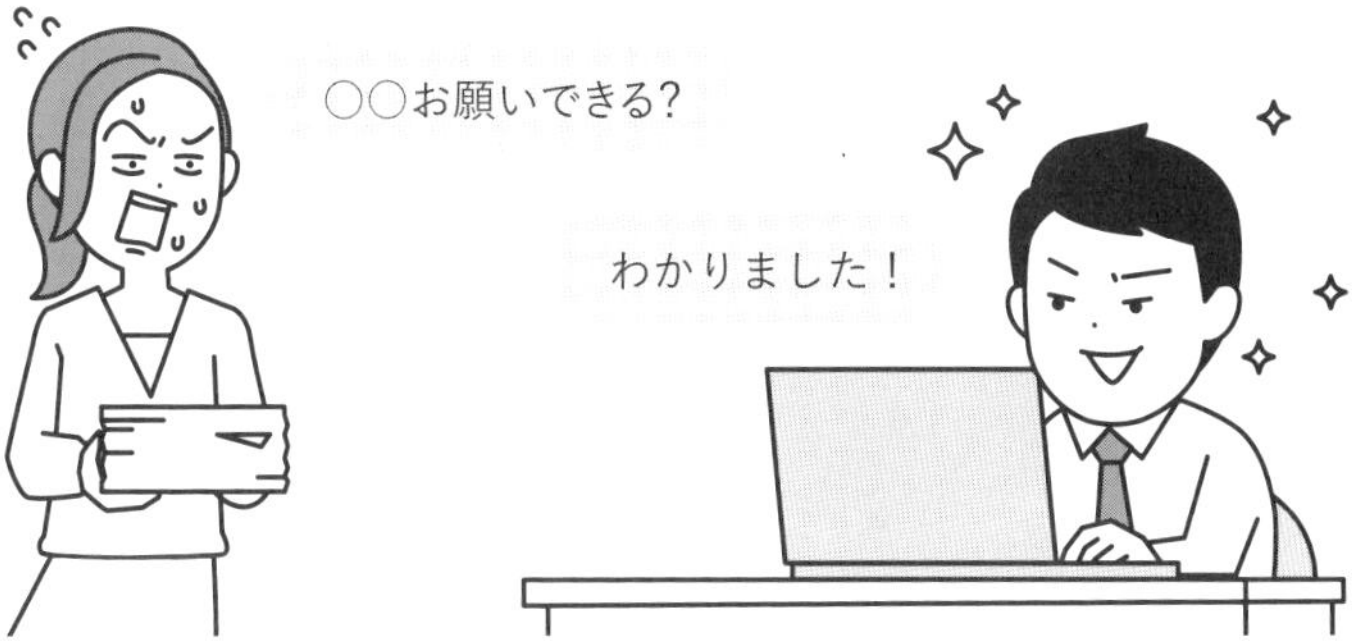

具体的行動

飛び込み仕事などの急な依頼に対応するために、代打要員や外部協力者とよい関係をつくっておく。

046

日程管理のコツ④

仕事のムダ取りで作業を効率化する

●自分がやるべきことに注力する

やるべきことを計画的に進めるためにＴｏＤｏリストをつくりますが、やることが多すぎると頭のなかで整理できずストレスが生じます。几帳面な人はやるべきことを細かく切り分けて小さな単位で処理していきましょうといわれると、「そこまでやるか！」というレベルまで細分化します。やるべきことを細かくして着手しやすくし仕事を完了させることが目的なのに、細分化作業が目的になってしまうのです。

その反対に**段取り上手な人は、細分化するものとそうしなくてもいいものを瞬時に判断して、全体計画のなかでどの作業をいつはじめていつ終わらせるかをスケジューリング**しています。

またその作業過程で、「**自分がやるもの**」「**他者に任せられるもの**」**を峻別して、自分がしなくてはならないことに注力し、それ以外の作業は外部に振る**などして、やるべきことにメリハリを付けることが上手です。他者に任せることは一見、手抜きのように見えるかもしれませんが、限られた時間のなかでチームのために結果を出すためには効率的な方法でもあります。

［ やらなくてもいい仕事はどんどん捨てる！ ］

□自分が参加しなくても問題ない会議やミーティング
□データ入力など外部に発注できる単純作業
□報告書や企画書などの体裁へのこだわり
（必要以上に飾りつけない）
□上役への機嫌取りの追従
（媚びではなく、実力で認めてもらおう）
□社内飲みニケーションの二次会

業務時間を有効に使うには、まずは「ムダ取り」からはじめる！

具体的行動

いま受け持つ作業のなかで自分がやらなくてもよいことや参加しなくてもよいことなどのムダ取りをし、自分がやるべきことに集中する。

047

日程管理のコツ⑤

予定の共有度で協力体制がわかる

●チーム内の予定を把握する方法

チームで作業を進めるときに問題になるのが、メンバー同士の関係性です。メンバーが目標を共有し、それぞれが自分の役割を理解したうえで意思疎通が図られていればよいですが、協力的でない人がいるとその調整に時間がとられることになります。

また、その人の担当パートがボトルネックになれば、予定どおりに作業を終えることができなくなります。チーム内での歩調がとれない場合は管理者はその対策を考慮しておきます。

そして、チームのスケジューリング管理では、**ガントチャートなどを使ってメンバーの作業を見える化**しておきます。ここまでは管理者の仕事になります。

チームの一員としてのスケジュール管理は、自分の仕事に関わる他のメンバーのスケジュールも把握できるようにしておきます。これにはチームのスケジュール管理ソフトを有効活用します。まず、決定している予定は年度単位ですべて入力し、新規事項や予定変更があれば、その都度速やかに入力します。この入力状態の出来不出来でチームの協力体制が把握できます。

[リモートワークにおけるスケジューリング]

- □チームのスケジュール管理ソフトを活用する
- □期限のある作業はリマインド機能で事前に知らせる
- □共有資料は適宜自動配付できるようにしておく
- □外出時に確認できるようにモバイルに対応しておく
- □早めの情報共有はチャット機能を使う

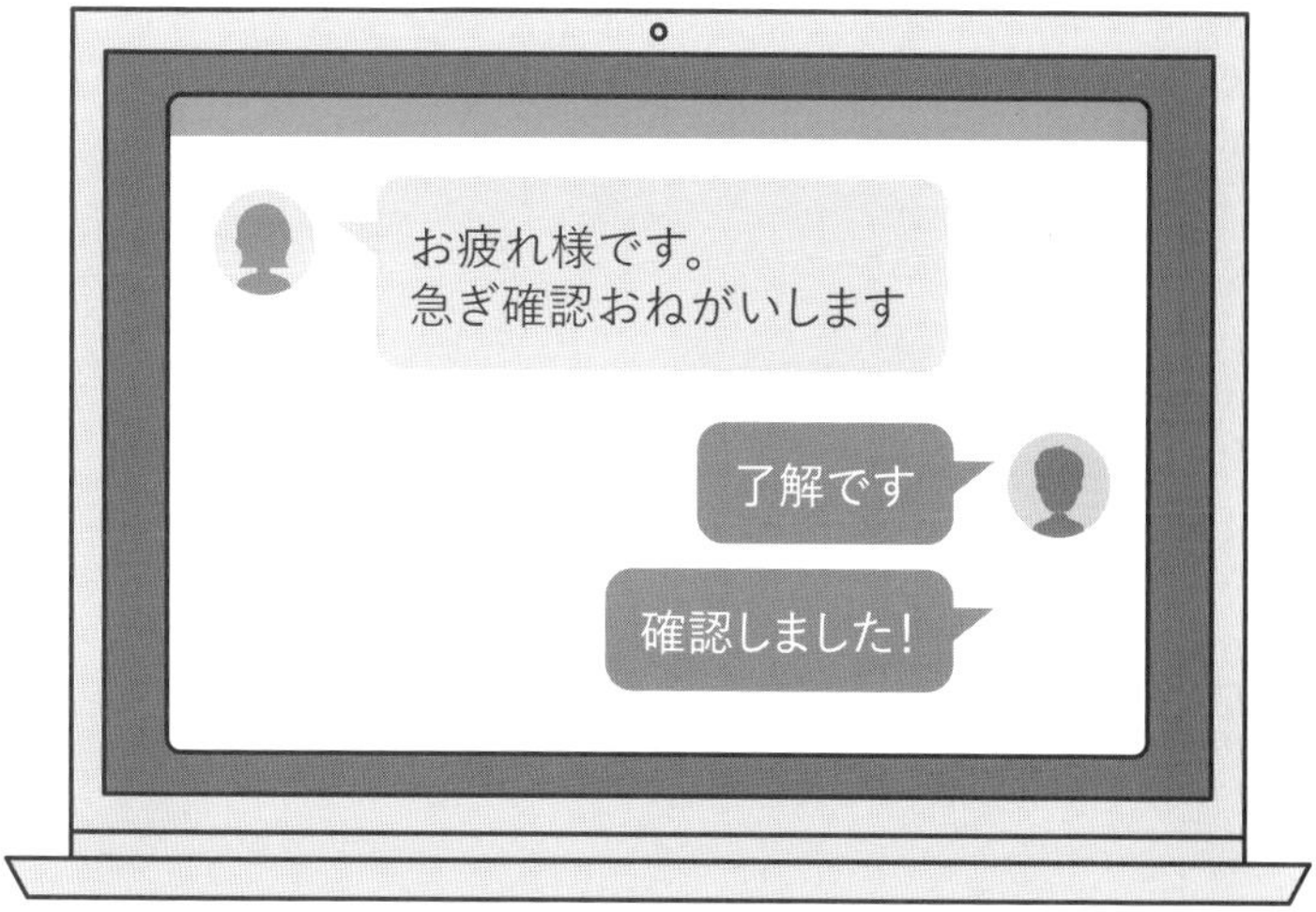

具体的行動

スケジュール管理ソフトの活用法をマスターし、リモートでもチームメンバーの協力を得ながら成果が出せるようなコミュニケーションがとれるようにしておく。

048

日程管理のコツ⑥

納期の見える化でやる気を上げる

●納期遵守意識を刺激する

納期までの期間が長いと着手が遅れることがあります。その結果、作業の終盤で帳尻を合わせることになります。締切が近くなってから作業を開始することを筆者は「**先延ばしの壁**」と呼んでいます。これと似たようなものに、必要以上に期間をとる「**余裕確保の壁**」、いくつもの仕事が重なる「**同時進行の壁**」があります。これらはやる気を妨げる壁であり、進行管理のズレの原因になります。

「先延ばしの壁」を避けるにはガントチャートなどの作業工程表のなかに、各作業のデッドラインの日付を太字の赤などで強調して可視化しておきます。

デッドラインに近づいてから作業スピードを上げて挽回するようなことをしないためには、作業工程表のなかに進捗度を記入します。たとえば、ある作業において締切まで「50%」のように表記することで、いまどの時点まで作業が進んでいるかがわかり、納期遵守意識が刺激されます。

「余裕確保の壁」は作業の所要時間を正しく見積もることで、「同時進行の壁」は緊急度×重要度から優先順位を決めることで対処します。

[3つの心の壁を乗り越える]

①先延ばしの壁

納期に余裕があることからギリギリまで放置してしまう壁。やるべきことに取り掛かり、納期前に終わらせる意識を持つ。

締切り直前まで進めない

②余裕確保の壁

重要度が高い仕事を任されると必要以上に多くの時間を確保してしまう壁。現実的な時間を見積もり、余裕を確保をするなら、必要時間の１～２割増で設定する。

仕事量より多くの時間を欲しがる

③同時進行の壁

複数の業務を無計画に交互に行う壁。優先順位を決めて、ひとつずつ着実に処理するほうが実は完了が早くなる。

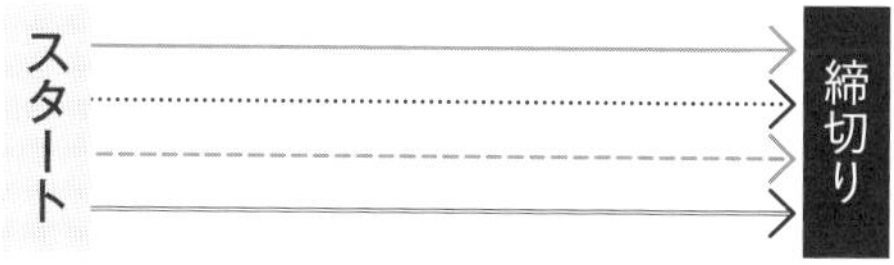

優先順位をつけられず効率が悪い

具体的行動

納期遵守の意識を高めるために、作業工程表は作業の進捗度合いがひと目でわかるようにしておく。

049

日程管理のコツ⑦

開催日と場所の固定で参加し忘れを防ぐ

●進捗会議を有効な場にする工夫

チームで取り組む仕事の進捗確認は、あらかじめ開催日を決めた進捗会議での定期報告で行います。その開催頻度は毎月または毎週など仕事の規模によって異なりますが、「毎月第一月曜日のAM10時、本社第1会議室」のように**開催日と場所を定例化しておけば、うっかり忘れることがありません**。注意すべきことは、開催頻度が多すぎると参加者の負担になることです。会議はリモートでも可能なので、トラブル対策や遅延対策など緊急時にはその都度関係者が参加して対応するようにします。

また、**定例の進捗会議は単なる作業の進み具合を確認するだけではなく、メンバー同士のコミュニケーションの場、意見交換の場**でもあります。メンバーそれぞれが自分の持ち分についての報告や意見交換できることでチームの結束力が醸成されます。こうしてメンバー同士につながりが感じられると、作業の疲れで少しずつ下がってきたモチベーションを再起させる効果もあります。

進捗会議は、メンバーのモチベーションを上げるためにも有効であることも考慮し、主催者はその場が円滑に進むように配慮することが大事です。

【定例の進捗会議で行うこと】

□会議の準備

・参加者の人選
・時間と場所の連絡
・議題を事前に共有しておく

□会議中

・時間内で終了させる（議題ごとに発表者と時間を決めておく）
・進行役が時間調整しながら進める

□会議終了後

・議事録を配付する
（24時間以内が理想）

議事進行表

13:00 開始
13:30 ○○報告
A課長発表
⋮

具体的行動

進捗会議では議事（報告すべきこと）をあらかじめ参加者間で共有し、時間内で会議が終わるようにする。

050

日程管理のコツ⑧

仕事の時間割が実行力を強くする

●1週間の時間割をつくる

学生時代に定期試験を前にして時間割をつくることで試験範囲を計画的に学習した人は多いことでしょう。苦手な科目は1日1時間ほどの予備時間を確保して対策するなど自分に合った勉強法です。

仕事も時間割方式の採用で段取りよく進めることができます。たとえば、スケジュールアプリの週間予定表に翌週1週間の大まかな時間割を入れます。アポイントなどやるべきことが決まっている業務は赤文字で記入し、それ以外の事務的なルーティンワークは黒文字で埋めていきます。このとき、**すべてを埋めようとせずに、余裕の時間も設けておくと遅延や突発的な業務に充てることができます**。

時間割によるスケジュール管理を習慣化していくとタイムマネジメント力を強くするだけでなく、目標管理力も強化されます。なぜなら、試験勉強と同じで、自分の予定を段取りながら目標達成のための行動を取るようになるからです。

さらに、翌週のスケジュールを確認する習慣は、仕事全体を俯瞰することでやるべきことが具体的に見えるようになり、目標達成力が一層磨かれていきます。

［ 全体俯瞰のスケジュール管理 ］

□月・金に留意

・週はじめと週終わりは仕事の調整が求められることが多い。
　ここは余裕を持ちたい！

□毎日確認

・進捗確認のほかに連絡忘れなどミス防止のためにも
　事前事後の仕事確認を習慣化しよう！

□１週間・１カ月の全体を俯瞰

・１週間や１カ月を俯瞰することで
　仕事の全体感が感覚的につかめるようになる！

□気づきメモ

・作業時間の記録、会った人の名前、備忘録など
　スケジュールアプリなら記入がラク！

具体的行動

週末に翌週のスケジュールを俯瞰し、アポや定常的な仕事の状況を確認することで仕事の段取りをつける。

051

レベルアップのコツ①

集中力をフル回転させて時間内に終わらせる

●集中力を上げる方法

作業開始時のやる気が時間の経過とともに徐々に落ちていくことは誰にもあることですが、できればやる気を維持して集中した状態で仕事を完了させたいものです。1日8時間労働のうち、昼食や午後の休憩などを考慮すると、午前は3時間、午後は4時間ほどの正味労働時間を集中状態にするには、自分に適した集中法を身につけることです。

人には朝型や夜型の生活習慣があるように、集中の仕方も人それぞれです。ここでは自分に合った集中法を「環境面」と「取り組み面」から考えてみます。

●環境面：脳科学の研究から人間が1日に集中できる時間は4時間とか、最大に集中できる時間帯は起床後の2～3時間などといわれています。これは人それぞれで一概にはいえないことですが、人にはそれぞれ週のなかでの集中しやすい曜日、1日のなかでの集中時間帯があります。また、仕事をする場所もオフィス、自宅、コワーキングスペースなど人によって集中できる場所が違うともいわれています。

●取り組み面：やるべきことが長期間だったり規模が大きいものは、小分けして小さな目標をクリアしながら進めると集中力が維持しやすくなります。

［ 長期間や規模が大きな仕事は小分けする ］

仕事を小分けして、小さな単位で目標管理することで集中力を維持しよう

□大きな仕事を小分けする

□長期間の仕事を小分けする

□SMART モデルで目標管理する

・Specific（具体的に）
・Measurable（計測可能に）
・Achievable（達成可能な）
・Relative（目標に関連した）
・Time-bound（期限がある）

＊SMART モデル…153 ページ参照

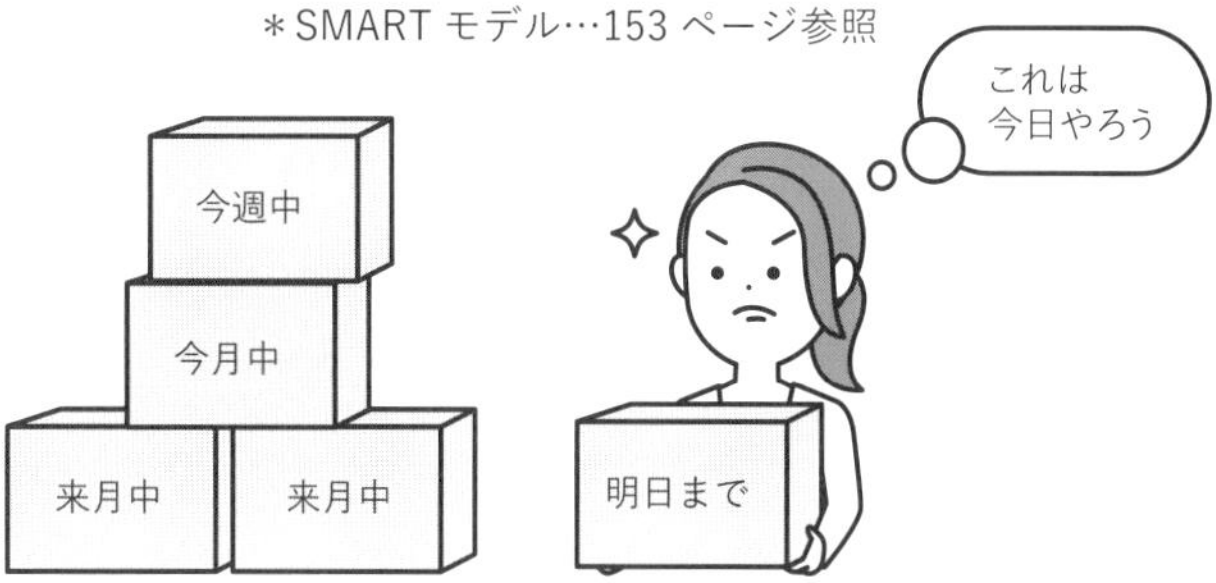

具体的行動

自分に合った集中法を集中時間帯や場所などの「環境面」と仕事のやり方の「取り組み面」から考えて実践してみる。

052

レベルアップのコツ②

所要時間の見積もりで納期を守る

●作業時間を見積もる

ＰＤＣＡでは納期を意識しながら作業を進めることが絶対条件です。しかし、納期を意識しながらも、それまで経験したことがない仕事では当初の計画どおりにいかず、結果として納期が遅れることもあります。はじめて携わる仕事では余裕を持ったスケジュールにすることと、やるべきことそれぞれの作業時間を見積もることです。

たとえば、本を書く場合を考えてみましょう。

出版には原稿の締切があります。無計画に原稿を書いては締切に間に合うかどうかわからないので、作業を小分けにして考えます。全部で２００ページあるなら、実際に書き進めてみて1ページあたりの執筆時間をカウントします。仮に1ページ30分（０・５時間）なら、０・５時間×２００ページで１００時間という目安が出ます。１日に5時間を執筆時間とすると20日必要です。これを標準時間として、遅れが生じる場合を見込んで締切までを25日とします。

このように、**納期の遵守は経験知から全体の作業時間を見積もりますが、作業は継続して行うと習熟してスピードが上がっていく**ことも考慮に入れておくとよいでしょう。

［ 納期を守るための必要要件 ］

① 最終納期を確認し、作業ごとに期限を決める
② １日あたりの処理量を設定する
③ 個々の作業に必要な所要時間を見積もる
④ １日の中で２～３回、進捗確認を行う
⑤ 遅延はその都度修正する

具体的行動

経験したことのない作業は少し試して所要時間を見積もり、そこから納期までのスケジュールの段取りを考える。

053

レベルアップのコツ③

集中力が生産性を上げる

●集中時間を確保する方法

働き方改革が進み、残業時間の制限が強化されたことで以前と同等、もしくはそれ以上のパフォーマンスを出すには集中して仕事に取り組める環境が必要です。しかし、職場では急な依頼が飛び込んで来たり、同僚から話しかけられたりなど、集中が途切れる場面がたくさんあります。それを無碍に断ったりすれば、気まずい状況を招きかねません。こうしたとき、どうすればいいのでしょうか。

残業ゼロを実現した吉越浩一郎さんがトリンプの社長のときに実践した方法に「**がんばるタイム**」があります。**午後の2時間（12時30分～14時30分）はデスクで仕事に集中するために声がけ禁止、電話禁止などいくつかのルールを設定して生産性向上をめざしました。**実際に、これでヒット商品も生まれたといわれています。

仕事に集中するのは納期を遵守しながら生産性を向上させるためです。それには職場内での合意のもと、「がんばるタイム」のような取り組みも一考でしょう。

とくに重要な仕事を高い品質で完了させるには、まとまった時間に集中して取り組むことです。

[がんばるタイム]

□実施の目的を決める

・（例）生産性向上と無駄な残業の削減

□職場内で合意する

・チーム内だけ、または全社共通

□ルールを決める

・毎日時間帯を決める（12時30分〜14時30分など）
・禁止事項を決める（声がけ、電話、無用な立ち歩きなど）
・自分の仕事だけに集中する
・緊急の要件が発生したときの対応を考えておく

[時間管理のドラッカーの格言]

> **成果を上げるためには、**
> **自由に使える時間を**
> **大きくまとめる必要がある。**
> **大きくまとまった時間が必要で、**
> **小さな時間は役に立たない。**

具体的行動

生産性を上げるために集中して仕事ができる環境にするには、「がんばるタイム」を設けるなどいくつかの方法を試してみる。

054

レベルアップのコツ④

スキマ時間を使って生産性を上げる

●スキマ時間を有効に使う

スキマ時間とは、作業と作業の合間の時間や電車の移動時間、ランチの待ち時間など実作業をしていない時間のことです。

社会人が資格取得のための勉強をするときによくスキマ時間を有効活用しようというのは、用語の暗記や練習問題を解くのに、**忙しい仕事の合間のスキマ時間だと集中しやすい**からです。通勤退勤の電車内で外国語の勉強をしている人を見かけますが、これはスキマ時間の上手な使い方の1つですね。

資格や語学の勉強だけではなく、業務に関連する情報収集や目を通しておくべき資料の読み込みなど、スキマ時間でできることは多くあります。外出中にアポとアポの間にちょっとした時間ができれば、カフェなどで報告書などの文書作成にも充てられます。5分程度の空き時間を机周りの整理に使えば気分転換にもなります。

そして、残業を減らしたいなら会社への連絡やちょっとしたネット検索など細々とした作業はスキマ時間で行い、まとめて確保した時間に集中して取り組みたい仕事を処理するようにすれば生産性向上につながります。

［ スキマ時間の活用法 ］

□勉強　・資格取得、語学マスター、昇進昇格の準備

□読書　・仕事に関連する書籍、電子新聞・ネットニュース

□連絡　・メールやチャット

□情報収集　・仕事関連情報のネット検索

□事務　・経費精算、日報

□整理整頓　・机周りやメールの整理

□雑談　・上司や同僚とのコミュニケーションのため

◎会議や打合せの設定時間を20分や50分単位にして、あえてスキマ時間をつくる

◎リモートワークで浮いた通勤時間などを有効に使う

具体的行動

移動やアポとアポの間のスキマ時間にできることを拾い出し、スキマ時間にやるべきことを決めておく。

055

レベルアップのコツ⑤

メール時間を減らして業務効率を上げる

●メール管理を効率化する

1日の仕事時間のなかで皆さんはメールのやりとりにどれほどの時間を使っているでしょうか。外部との連絡が多い職種では2時間以上費やしている場合もあるそうです。通信手段の主役が電話からメールやチャットに変わったことで、業務時間に占める割合は徐々に増えてきています。

仕事上必要だから頻度も増えるわけですが、できればこの時間は効率化して、そのぶん他の業務に使いたいものです。

メールの効率化でよく行われているのが次の方法です。

- **時間を決める**：出社時、昼食時、退社前の1日3回を基本にする
- **すぐに返信する**：一度開いて後で返信していては二度手間になるので、「すぐ返信」をルールにする
- **自動振り分け機能を使う**：優先度の高いメールは自動振り分け機能を使い、指定したフォルダーに受信するようにする
- **検索しやすい件名にする**：すぐに探せるようにする

【 メールを効率化する作法 】

- □件名はわかりやすく書く
（具体的でないとスルーされやすい）
- □件名では要件や発信者がわかるようにする
（誰からのメールかがわかれば相手は安心）
- □伝える内容が変わったら、件名を変更する
- □１つのメールに１つのテーマ
- □本文は結論を簡潔に先に書く
- □長文になる場合は「長文です」など
最初に断り書きを入れる
- □１段落は３～５行（改行は文節でもＯＫ）
- □２ＭＢ以上の添付ファイルは相手に確認
- □署名は相手に必要な情報を簡潔に入れる

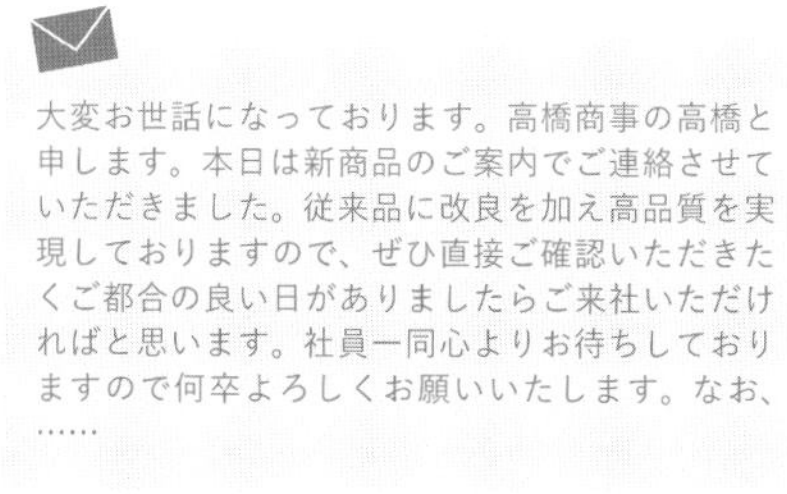
大変お世話になっております。高橋商事の高橋と
申します。本日は新商品のご案内でご連絡させて
いただきました。従来品に改良を加え高品質を実
現しておりますので、ぜひ直接ご確認いただきた
くご都合の良い日がありましたらご来社いただけ
ればと思います。社員一同心よりお待ちしており
ますので何卒よろしくお願いいたします。なお、
……

改行がなくて
読みづらい…

具体的行動

メールに業務時間を奪われないように開く時間帯を決めたり、自動振り分け機能を使うなどして効率化し、本来業務の時間を確保する。

056

レベルアップのコツ⑥

急な仕事の依頼には段取りで対処する

●イレギュラーな仕事に対処する心がまえ

自分の担当している業務を行っているときに急に横から別の仕事が割り込むことがあります。それが得意先など外部からの仕事であれば優先せざるをえません。

ＰＤＣＡはひとつの業務が流れるようにつながって完了するイメージがありますが、現実はいくつもの仕事を同時並行的に行う場合もあり、それぞれＰＤＣＡを回していくことになります。

割り込み仕事に対処するには、**いつ割り込み仕事が入ってきてもいいようにスケジュールに余裕を持つ**ことです。そして、いま作業中の仕事と割り込み仕事の双方をいつまでに終わらせるかを確認し、どんなやり方で行えばいいか段取りを図ることです。

残業が許されるなら、双方の業務を終わらせる時間を見積もったうえで残業申請をして処理します。また、ひとりで対処するには納期に間に合わないということであれば、外部に割り振ることも検討します。

ＰＤＣＡは業務効率化のために行う手法です。こうしたイレギュラーの対応にも小さなＰＤＣＡを回して納期までに仕事を完了させる方法を考えましょう。

[急な仕事の依頼に慌てないために]

金曜日に翌週の段取りを確認しておく（○）

月曜日にその週の段取りを確認する（×）

段取り上手な人は週末に翌週のスケジュールを確認している

具体的行動

割り込み仕事がいつ入ってきても慌てないように、余裕を持った仕事の段取りをするようにする。

057

レベルアップのコツ⑦

中間目標があるとやる気が持続する

●モチベーションを上げる方法

高い品質のアウトプットを出すには、モチベーションを維持し続けることです。1週間で完了の短期的な仕事ならそれも可能でしょうが、長期的なプロジェクトでは途中で気を抜くことがあります。そこで、半年や1年など長期にわたる仕事の場合、中間目標を設定し、小さな達成経験を積んでいくことで長丁場をやり切るようにします。

業績管理で四半期ごとに中間目標をつくるのは、年間目標にどこまで近づいているかを確認するとともに、中だるみを防ぐ副次効果があります。この中間目標がクリアできれば達成効果によりモチベーションが上がります。達成できなくても次の中間目標に向けて士気を上げることになるので、モチベーションは維持されます。

このように**モチベーションは、達成意欲が満たされたり、自発的に何かをしようと思うことで沸き起こります**。仮に仕事の難易度が高ければ、中間目標点を設定して「あと一歩がんばれば達成できる」という心理を利用して達成意欲を喚起するようにすれば、高い目標も達成しやすくなります。加えて、職場の仲間とともに高めあうことでその意欲がさらに上がり、持続していきます。

【 モチベーションを上げる方法［目標管理］ 】

□目標を見える化する
□やるべきことを具体的にする
□目標達成したときの姿をイメージする
□小さな達成経験を積み重ねる
□仕事と休養のメリハリをつける
□仲間と切磋琢磨する
□目標を達成したときの「ご褒美」を用意しておく

【 モチベーションを上げる方法［日常業務］ 】

□仲間と適度な雑談をする
□ストレッチをするなど体を動かす
□１時間作業したら、５分休みを入れる
□昼食後のパワーナップ
（15分程度の仮眠による眠気解消）
□良質な睡眠で疲れを取る

具体的行動

年度目標を再確認し、四半期や月間などの中間目標を設定し、中間目標ごとの達成基準を考える。

058

レベルアップのコツ⑧

チームの方針が合うとやる気が上がる

●チームでPDCAを回す

目標達成にはモチベーションを維持し続けることがカギとなるわけですが、**目標に関わるすべての人が「これは自分のミッションだ」という意識を持つことで、足並みの揃った行動が生まれます**。各自が「この目標のなかで自分がすべきことは何か。自分の役割にどんな意味があるのか」を自覚して行動することでモチベーションは一層高まります。

これが「上から押しつけられた課題」といった意識だとやる気が生まれません。自らの意志で「この目標は自分や会社に良い成果をもたらす」「自分が成し遂げるべき仕事なんだ」との思いで取り掛かることでやる気の相乗効果は発揮されます。

そして、**「この目標がめざすものは何か」「どんな方法で進めるのか」をメンバー全員が可視化できる状態にしておく**ことです。

目標は、関係者一人ひとりが自分の役割をしっかり果たせば「必ず結果は出る」と強く信じることで達成することができるものです。その繰り返しがスパイラル的に上昇していくことでPDCAが上手く回っていきます。PDCAが回っていることが自覚できると成長実感を感じることもできます。

［ チームの実行力を高める3要素 ］

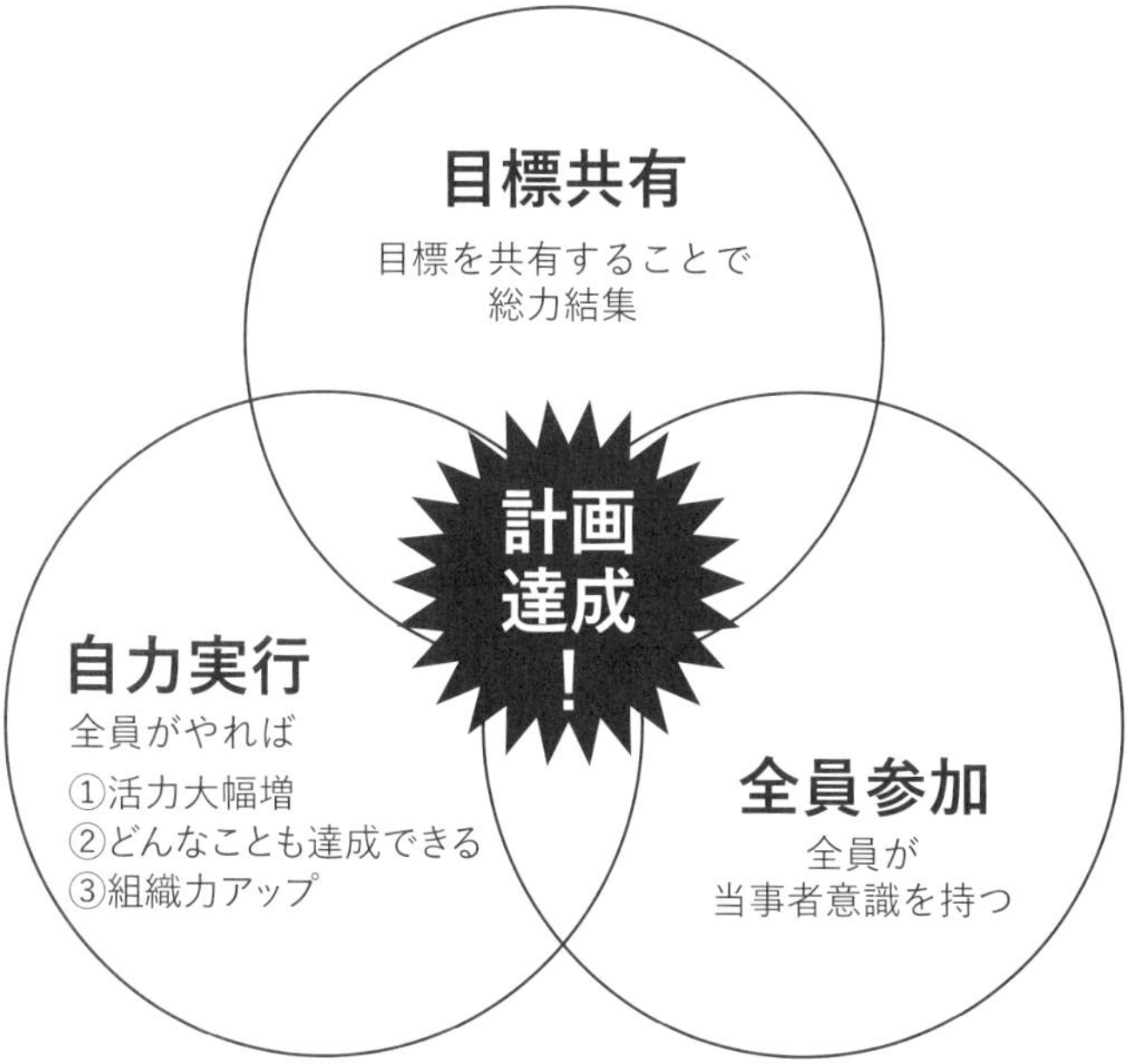

計画を立て、やり遂げる力は
大きな財産になる！

具体的行動

目標共有・全員参加・自力実行の3要素を標語にしてチーム力を高め、自分の仕事は必ずやり切る、という強い意志を持つ。

059

レベルアップのコツ⑨

ホウレンソウはヌケモレなく早く行う

●ホウレンソウの留意点

実行レベルを上げていくには、職場内の日常的なコミュニケーションがよくとれていることです。ビジョンの共有、問題認識の共有というPDCAサイクルを回す前提としてチームのコミュニケーション基盤がしっかり整っていなければなりません。

そのうえでチームの進捗管理には、報告・連絡・相談の「ホウレンソウ」が自然に行われることが大切です。**ホウレンソウの基本は、相手の立場に立つこと**です。気心が知れた仲間であっても自分とは異なる考え方を持っているかもしれないという前提で「伝える」ではなく、「伝わる」いい方を心がけるようにします。

具体的には、コミュニケーションの前提として、相手との信頼関係を良くしておくことです。自分基点ではなく、相手の考えや価値観を受け止めながら、相手が理解しやすいように筋道を立てて話すことを意識します。

上司や先輩に遠慮があると「進捗の遅延を報告したら怒られる」「上司は忙しそうで相談しにくい」といったネガティブな心理になりがちですが、ホウレンソウは業務の一環だとしてポジティブに意識を変えて遅滞なく行います。

【 実行段階のホウンソウ 】

報告

・業務の進み具合や結果を報告する作業。進捗度の把握のために欠かせない行為。報告が遅れると、ミスや問題点の発生に気づくのが遅れ、軌道修正も遅くなる。

・報告することで、上司や先輩、同僚から知恵、知識、アイデアをもらえる。

連絡

・チームで協働作業を行うためには情報の共有が欠かせない。連絡は、情報共有の基盤であり、連絡が滞るといたるところで認識ギャップが発生する。

・連絡はスピードが命。また、関係者に同時に連絡することで混乱を避ける必要がある。

相談

・相談は、より高いレベルで業務を遂行するために行うもの。また、問題が発生したときの影響を抑制するために行う。

・何が相談ごとの焦点となっているのか、土俵を明確にすること。また、自分なりの提案や解決策を持って相談することが大事。

具体的行動

一方的にホウレンソウするのではなく、相手が理解しやすいように「伝える」ではなく「伝わる」を意識する。

060

レベルアップのコツ⑩

共有事項は早めに決めておく

●実行段階で共有すべき情報

チームで共有目標を追いかけるにはホウレンソウはとても大事な業務のひとつですが、実行段階での情報の共有方法を具体的に決めておくことも重要です。それには次の項目は最低限必要です。

●共有の場：進捗会議や定例ミーティングなど情報共有の場はどこか
●配付先：報告書などの文書類は誰に配付するか
●種類：報告の文書類はどのようなものを準備しておくか
●内容：進捗状況や問題などどのような内容を報告するか
●頻度：報告は毎日、毎週、毎月などどの頻度にするか

これらについてチーム全員なのか、部長・課長までか、担当役員まで行うかなど報告対象別にも考えておく必要があります。実務レベルの進捗状況なら課長以下メンバー全員に、重大な問題が発生したらその時点で役員にも報告するなど、事前に決めておくとすぐに対応できます。情報共有はスピードが命の場合も多いので、チームのリスク管理のうえでもコミュニケーションのルール化はおろそかにできません。

【報告のルールを決めておく！】

	部長	課長	メンバー
共有の場	月例会	月例会 週次ミーティング	月例会 週次ミーティング
配付先	◎重要資料 の場合	◎重要資料 の場合	○軽微な資料 の場合
種類	議事録	議事録 打ち合わせメモ	議事録 打ち合わせメモ
内容	月例報告 緊急報告	月例報告 緊急報告 課内共有事項	月例報告 緊急報告 課内共有事項
頻度	毎月 特別なものは その都度	発生の都度	発生の都度

部課内の議事録は遅くとも翌日には関係者に配付し、早めに情報共有を行うことが望ましい

具体的行動

実行段階で、対象・共有の場・配布資料の種類・報告内容・頻度などホウレンソウするときのルールをあらかじめ決めておく。

レベルアップのコツ⑪

質の高い会議が生産性を高める

●会議の質を高める

目標管理の実効性を高めるためには、メンバーの意志統一や認識の共有化が欠かせません。それには、チームとしての意志疎通を図り、情報共有の徹底のために会議の質を高めることです。

質の高い会議とは、**開催目的がはっきりしていること、参加すべき人に合理性があること、議事が事前に参加者に伝達されていること、時間内にすべての議事が完了すること、ファシリテーターの運用力が高いこと、議事録が速やかにつくられ決定事項がすぐに実行されること**、こうしたことがなされてはじめて会議が実効性のある場になります。

それが実際のところ、会議がセレモニー化し、モチベーションを下げる場になることが少なくありません。会議を生産性を高める場に活性化するには、会議は何のために行うのか、そもそも会議は必要なのかを問い直すことです。そこからスタートし、改めて会議が必要なら、質の高い会議とはどうあるべきかを深く考えます。

参加者全員に会議の目的が共有化されることを意識して開催し、生産性を上げる場として機能していくとメンバーの参加意欲が上がっていきます。

［ファシリテーターの運用ポイント］

□会議の目的を確認し、ゴールまでの道筋を描く（時間配分等）
□参加者の緊張をほぐし、意見を出しやすい雰囲気をつくる
□会議の冒頭に、進行上の注意を促す
（最初に注意しておくと進行中に望ましくない言動が発生したときに指摘しやすい）
□参加者の意見を予断なく受け止める。曖昧な点は確認する
□発言しない人がいたら積極的に声をかける

［最初に注意を呼びかけたいこと］

□相手の話をきちんと聞く
□結論を最初に言ってもらう
□進行手順に従ってもらう
□時間を守る（発言時間も）
□プラス思考で受け止める
□頭ごなしに否定しない
□できない理由より実行するための意見を求める

具体的行動

会議は何をもって行うものなのか、そして質の高い会議にするためにどんなことに注意するかを考え、運営方法を見直す。

062

レベルアップのコツ⑫

人脈力が仕事力を上げる

●ネットワークの重要性

新規事業などプロジェクト的な仕事では、実現に向けて社内外の多くの人が関わることになります。このとき、ネットワークの質と量が成否を左右します。プロジェクトに関わりを持たない社内の人にも協力依頼できる人脈はもちろん、必要に応じて社外の人脈をスピーディーに駆使できることで良い結果が出せるようになります。

良い仕事をすることで業務に関する知識と経験が蓄積していきますが、人脈もこれに加わります。つまり、**質の良い人脈を広くつくるには、良い仕事を繰り返していくことが大事**だということです。その蓄積が次の仕事にスパイラル状に役立っていきます。

また、**人脈を広げるには、いろいろなことに興味関心を持ち、現場体験を多く積むことも大切**です。働き方改革で副業解禁の企業が増えていていますが、これは違う企業文化を経験することで自分のスキルを棚卸しできるうえに新たな人脈の開拓になります。

副業だけではなく、これからの働き方はもっと多様化していきます。その変化に柔軟に対応しながら仕事力をどんどん向上させていくには、スキル磨きと同時に人脈開拓がとても重要になっていきます。

[ネットワークを拡げるためのポイント]

□社内人脈

・サークル活動への参加
・社内委員会への参加
・同期会への参加
・他部署との飲み会主催

□社外人脈

・ボランティア活動への参加
・地域活動への参加
・異業種交流会の主催
・社外セミナーへの参加

具体的行動

質の良い人脈を広げるために、いろいろなことに興味関心を持ち、自分からポジティブに人に会うことを心がける。

063

レベルアップのコツ⑬

習慣の力が実行モードを早める

●習慣の力を活用する

意外と気づかないことですが、日々の生活のなかで私たちは小さな意思決定を何度も行っています。自販機の飲料はコーヒーかお茶か、ランチは何にするか、飲み会はどこのお店にしようか……。仕事でも同じです。メールにするかチャットにするか、電車がいいかタクシーが早いか、といったように小さな意思決定をいくつもこなしています。

この**小さな意思決定は脳を疲労させる原因といわれ、小さな意思決定を避けるためには行動をルーティン化することがよい**ともいわれています。仕事着は同じデザインのものをいくつか用意して服選びに迷わない、朝食はいつも同じにするなどにより、思考と時間をムダにしない習慣です。

仕事でもやるべきことを習慣化することですぐに仕事モードに頭を切り替えられます。たとえば、仕事をはじめるときにＴｏＤｏリストを確認することを習慣にすると、やるべきことが視認できるので一気に仕事モードに変わります。そして、そのリストの何でもいいのでまずははじめることを習慣にするとすぐに実行モードに入ることができ、仕事が興に乗っていくことで集中モードに入っていきます。

［ 習慣化のための3つのドライバー ］

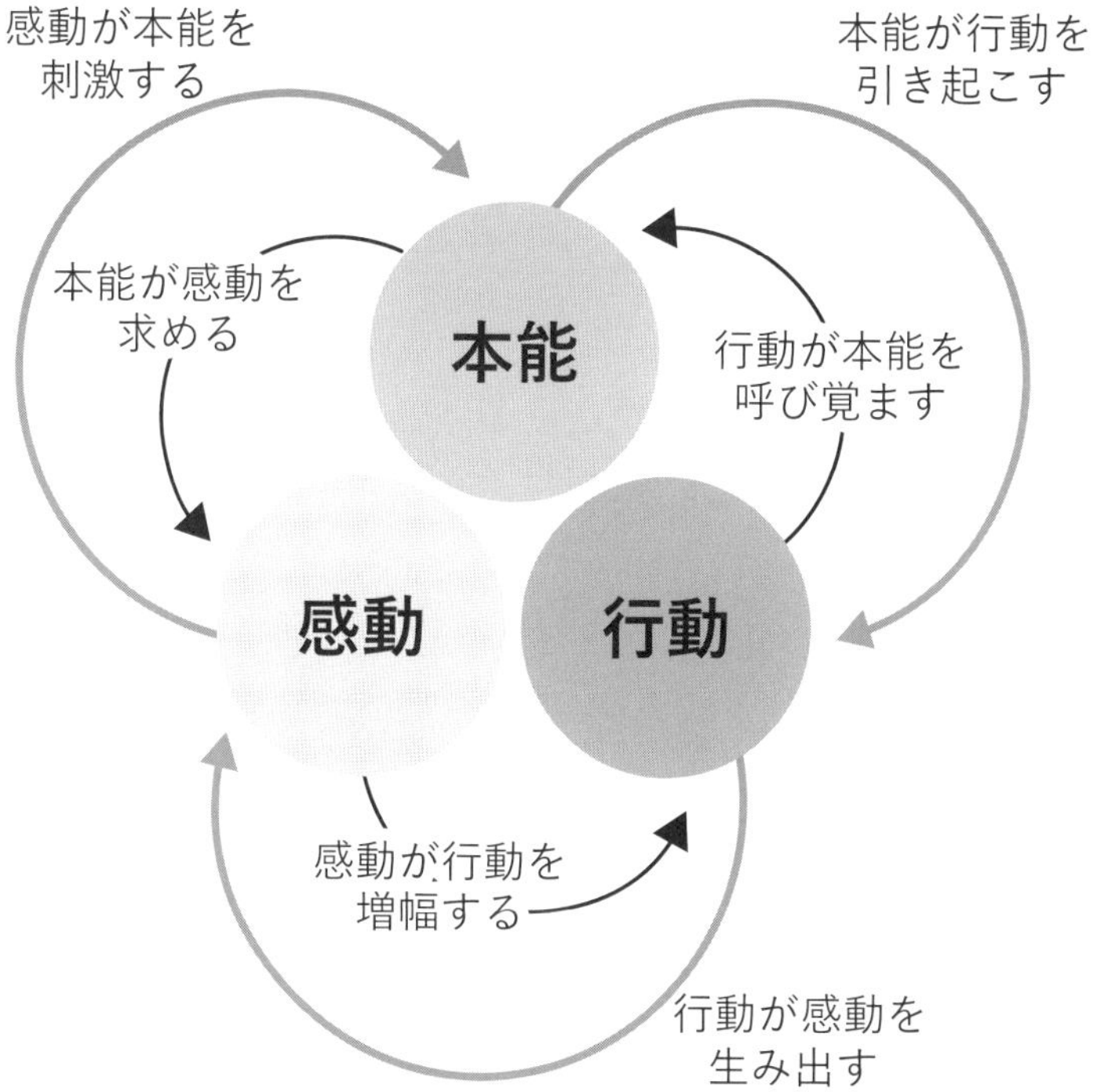

具体的行動

「ToDoリストを仕事前に確認する」「パソコンを立ち上げたらまず重要メールの確認をする」など、早く実行モードに入るための習慣を身につけ、実践してみる。

064

レベルアップのコツ⑭

問題が起きたら、「なぜ？」で深掘りする

●なぜなぜ分析を活用する

実行段階で予定と実績のズレが軽微ならそのまま進めながら修正を図ります。ズレが大きいようなら、速やかにその原因を究明します。

売り上げの未達なら「なぜ未達になったのか」、その真因を探ります。ここでは原因究明の手法として「なぜなぜ分析」を行ってみましょう。

「なぜなぜ分析」とは、トヨタ生産方式のカイゼン活動から生まれた問題解決の手法です。

まず、問題となっていることを具体的にして、なぜ起きたのかその要因を提示します。続いてその提示されたことが起きた要因は何か、さらにその要因は何が原因かというようにどんどん深掘りして、根本的な原因を突き止めます。5回程度の「なぜ」を繰り返すと根本原因に行き着くとされています。「なぜなぜ分析」はひとりでもできますが、チーム単位で行うとより効果的とされています。

また、問題解決を行う際に考えるべきことは、計画そのものが間違っていたのか、それとも実行方法に誤りがあるのか、という視点です。計画に無理があれば目標達成は容易ではないですし、やり方に不備があれば計画どおり進みません。

【「なぜなぜ分析」で問題解決しよう】

●「なぜなぜ分析」の考案者大野耐一氏（元トヨタ副社長）による例題

問題　機械が動かなくなった

①なぜ機械は止まったか：
オーバーロード（過負荷）がかかって、ヒューズが切れたからだ

②なぜオーバーロードがかかったのか：
軸受部の潤滑油が十分でないからだ

③なぜ十分に潤滑しないのか：
潤滑ポンプが十分くみ上げていないからだ

④なぜくみ上げないのか：
ポンプの軸が摩耗してガタガタになっているからだ

⑤なぜ摩耗したのか：
ストレーナー（濾過器）がついていないので、切粉が入ったからだ

解決策　ストレーナーを取り付ける

出典：『トヨタ生産方式』（大野耐一著、ダイヤモンド社）

●「なぜなぜ分析」で生活習慣を改善する例

問題　遅刻が多い

①なぜ遅刻するのか：朝寝坊をするから
②なぜ朝寝坊をするのか：夜寝るのが遅いから
③なぜ夜寝るのが遅いのか：テレビを見る時間が長いから
④なぜテレビを見る時間が長いのか：寝る時間を決めずに見ているから
⑤なぜ寝る時間を決めずに見ているのか：なんとなく習慣だから

解決策　寝る時間を決める

具体的行動

身の回りの問題について「なぜなぜ分析」でその根本的な原因を探ることを試してみる。疑問に思うことは、「なぜ？」を5回繰り返す。

第4章

《Check：検証》徹底的に振り返る！

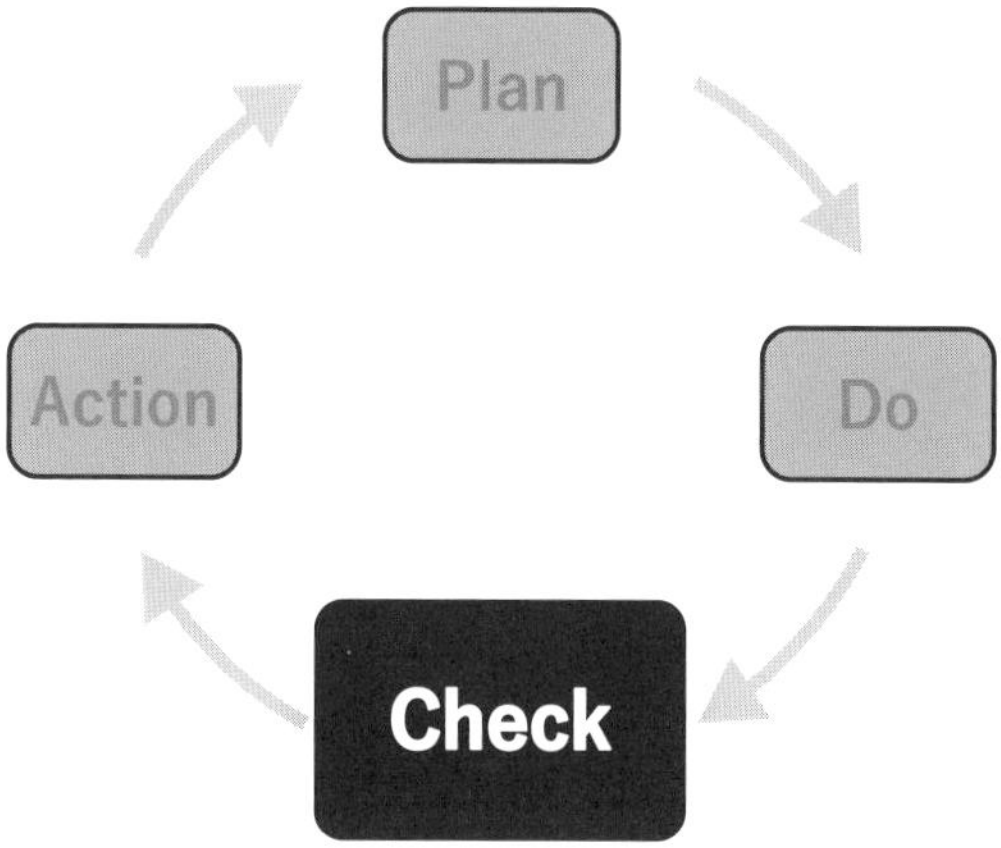

065

検証のセオリー①

CAをやり抜けばPDCAは回る

●CAの意識を強く持つ

仕事の途中で、計画段階では思いつかなかったアイデアが浮かぶことがあります。メンバーからも「そのアイデアいいね、是非やろう」といわれれば嬉しくなるものです。ただ、そこから先を実行するかどうか、そこが問題になります。**PDCAでは、PDまでは進むものの、CAをなおざりにする人が多いことが課題**だといわれています。

これは、**計画どおりに実行できたことに満足してしまうことが主な原因**です。実行してきた結果を次に活かすんだという意識を強く持たないとCへのステップに移行する気持ちが時間の経過とともにうせてしまいます。

やり切ったということで満足せず、実行したことの結果を検証してはじめて、それまでの活動が意味のあることだったかどうかがわかります。

PDCAのC＝検証は、それまでの活動をより良い方向に発展させるためのキーステップです。やり切ったことで満足せずにそれまでの行動をどのように評価するか。実行したことを振り返りながら次にどう活かすのか。そうした**自分やチームのDoをきちんと検証し、Action（改善）につなげていく姿勢がPDCA成功のカギ**です。

［ PDCAを回すコツ ］

- 検証は、やるべきDoをすべて完了してから行うのではない。実行途中でも小さなPDCAを回していくことが大事。
- PDで満足してはそれまでの活動が次に活かせられない。仕事レベルの向上のチャンスを捨てることにもなりかねない。
- CAにつなげるためには、小さなPDCAを回しているプロセスのなかで、気づいたことや次に活かせられるアイデアなどを記録する習慣を持つ。

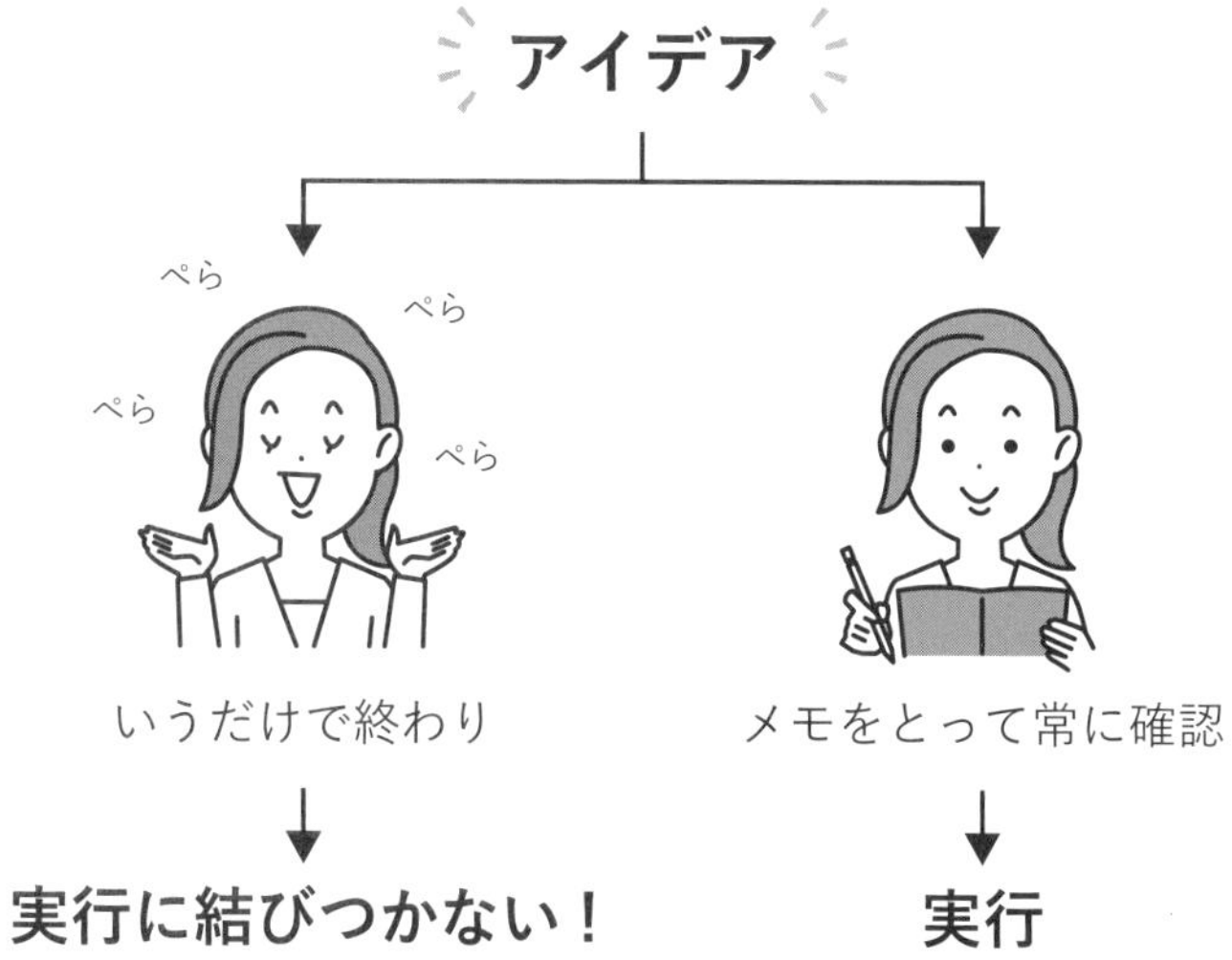

具体的行動

Doをやりきったことに満足せず、CAにつなげるんだとの強い改善の意識を持って臨むようにする。

066

検証のセオリー②

「実行したら検証」を習慣にする

●検証の場で実行度合いを分析する

計画したことをやり終え、一段落ついたところでミーティングを行うことはとても大切です。ただ、「計画の8割しかできなかった……」「達成率は110%で目標をクリアした！」と結果を確認するだけではなく、その**結果について「なぜそうなったのか？」を検証して改善につなげることがPDCA**です。

仕事レベルを上げていくために重要なことに、振り返りがあります。**振り返りを通して結果に至った原因は何かを知ることで、成功や失敗のセオリーがわかる**ようになります。振り返りの習慣は勉強の復習と一緒で、経験したことを血肉にする効果があります。

PDCAを組織の文化にまでするには、「結果確認の場」ではなく、「行動を検証し、次の活動につなげる、振り返りの場」にしていく意識をメンバー全員で共有します。

そしてPDCAにおける検証とは、**当初の計画でやるべきことがすべて完了した後だけではなく、途中のプロセスにおいても実行度合いを確認する**ことです。

計画どおり実行できているか、目標と実績の間に差異が生じていないか、など進捗状況を分析し、計画と違いがあれば速やかに修正するために必要なプロセスです。

[振り返りで気をつけるべきこと]

① 振り返りの視点に偏りがある

「チャンスがあったのに営業担当の対応が遅かった」「クレームに適切な対応ができなかったのは応対者の態度に問題があったから」などのように、大きなミスやトラブルがあると、最初から振り返りの範囲を絞ってしまう人がいるが、それでは事の本質が見えなくなる。振り返りを行う際は、振り返りの対象を広く設定する。

② 振り返りの基準が明確でない

「今回はチャレンジすることが大事だったので結果は問わない」「試行レベルだからコストは考えなくてもいいだろう」。こうした発言もよく聞くが、振り返る際に、何を基準に善し悪しを決めるかがわからなければ検証はできない。振り返りの基準を明確にする。

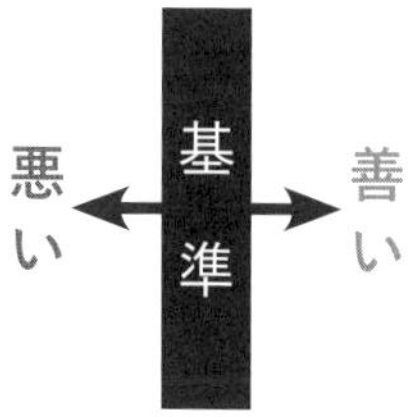

③ 振り返りの気づきが少ない

これは、振り返りのスキルに直結する課題である。より充実した振り返りを行うためには、気づきを増やしていく。

具体的行動

計画したことをやり終えたら、できたこともできなかったことも必ず分析し、その原因を明らかにする。

検証のセオリー③

数値で検証するとわかりやすい

●KGIとKPIを検証する

計画立案時に最終目標と中間目標の到達度合いを評価する指標のKGI（Key Goal Indicator／重要目標達成指標）とKPI（Key Performance Indicator／重要業績評価指標）を設定しました（68ページ参照）。**KGIは会社全体や部署そして個人が共通の目標に向かうための指標**です。KGIが明確であればあるほど、何をめざしてがんばればいいのかがはっきりします。**KPIはKGIに向かう途中で正しくプロセスを踏んでいるかを確認するための指標**です。

2つがセットで運用されることが前提であり、計画がうまく遂行されているかどうかが数値で確認できるので、目標管理における検証をわかりやすくするツールです。

KGIとKPIは計画段階でしっかりと設定されることが実行段階をスムーズに進めることになりますが、KPIをクリアしているのにKGIに至らなかったということがあれば、その原因を究明するのが検証段階です。

実際にそうしたケースが発生することはあります。それはKGIの設定に問題がある場合もあれば、KPIの数値目標に誤りがある場合もあります。

［ KGIとKPIはセットで運用する ］

●KGI と KPI にずれがあると最終目標に到達できない

KGI と KPI の整合性の検証には SMART モデルを使う

- **Specific（具体的な）**：目標が具体的に共有できるものだったか？
- **Measurable（計測可能な）**：数値が評価しやすいものだったか？
- **Achievable（達成可能な）**：目標達成が合意できていたか？
- **Relevant（関連した）**：個人と組織の目標に整合性があったか？
- **Time-bound（期限を決めた）**：合理的な納期だったか？

具体的行動

計画時に設定したKPIが目標に対してどのようなプロセスを踏み、それが最終目標のKGIにきちんと反映されているかを必ず検証する。

068

問題発見のセオリー①

問題の特定で原因がわかる

●問題の状況を明らかにする

「目標数値に達成していない」「計画が当初の日程では進まなかった」などの問題があれば、その原因を徹底して調べないと同じ過ちを繰り返すことになります。**PDCAサイクルにおける「C」は、目標や計画と現実とのギャップを把握するだけでなく、ギャップを生んだ原因を究明することが目的**です。問題の元となった原因を突き止めることが改善策の足がかりをつかむことになります。

それにはまず、**「何が」「どうした」のかを確認**します。発生しているギャップ、問題点を正確にとらえるということです。そして、それをチーム内で共有します。

事実関係の確認には5W1Hのうち「原因」にあたるWhyを除く4W1Hで整理します。「いつ（When）」「どこで（Where）」起きたのか、「誰（Who）」が「何（What）」をしたのか、そして「どのような方法・手順・行動（How）」で進めたときに起こったのかを明らかにします。

こうして状況を整理したら、その理由（Why）を類推します。問題発生の理由の類推はひとりよりも複数で行うとより良い結果が導けます。

[4W1Hで問題を特定する]

●発生したケースと発生しなかったケースを比較する

When（いつ）　納品数の間違いが発生している月はいつか？
Where（どこで）　納品数違いが発生しなかった店はあるか？
Who（誰が）　納品数違いに気づかなかったお客様はいるか？
What（何を）　納品数違いがあった商品は何か？
How（どのような）　納品数間違いの件数は増えている・減っている？
発生のパターンは？

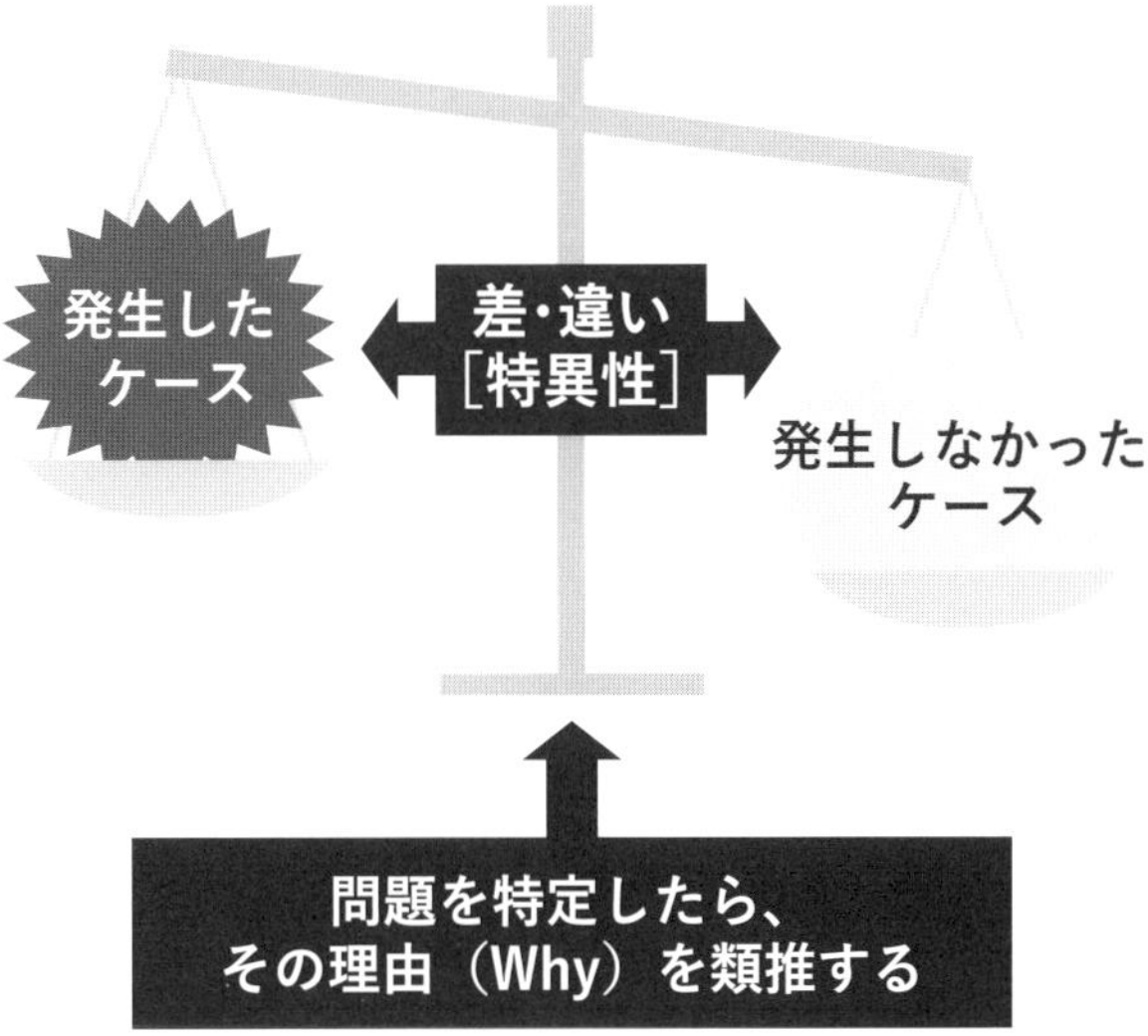

具体的行動

当初計画どおりの結果にならなかった場合は問題を4W1Hで特定し、そこから問題がなぜ(Why)起きたかを類推する。

069

問題発見のセオリー②

原因究明は分解するとわかりやすくなる

●問題を4W1Hで分解する

4W1Hを少し詳しく見ていきましょう。問題を発見したら、その問題の原因究明です。問題解決では事実を確認することが大事でしたね。

まず、何（What）が問題なのかをここで改めて確認します。そして、その問題が起きたのは、時間・時期的なこと（When）、場所的なこと（Where）、人的なこと（Who）、手段的なこと（How）のいずれにあるかを検証します。これらについては次のような視点を見ていきます。

●**時間・時期**：実施のタイミングはどうだったか、現実的実施期間だったか
●**場所**：実施した場所は適切だったか、仕事の担当領域は適切だったか
●**人**：目標達成に必要なスキルはどうだったか、適材適所での配置だったか
●**手段**：実施の手段に合理性はあったか、無理のない実施方法だったか

なお、問題とするとネガティブなイメージがあり、失敗の原因究明にのみ対応するものと思われるかも知れませんが、成功要因を究明する場合もこれらの視点は活用できます。結果に至った原因究明は事象を分解することでわかりやすくなります。

[4W1Hで原因究明する]

4W1H	例）年間の業績目標
What 何が問題か	予算未達（対目標 80％）
When 時間／時期	・スタート時期の遅れ？ ・中間時の作業遅れ？
Where 場所	・担当エリアの問題？ ・営業範囲が広域？
Who 人	・目標と担当者のスキルの整合は？ ・過剰な目標設定？
How 手段	・やり方はどうだったか？ ・従来の手法が陳腐化？

具体的行動

問題が発生したら、まず「何が問題か」を確認し、「時間・時期」「場所」「関係者」「実施方法」について検証する。

070

問題発見のセオリー③

問題は複数の視点から検証する

●6Mから問題を特定する

計画どおりにタスクが進まなかったり、実行中にミスやトラブルが発生すると、「誰が原因だ!」と犯人探しが始まります。たしかに、ミスやトラブルは人が起こすこともあります。しかし、短絡的に人が犯人だと決めつけるのは早計です。

生産現場では品質管理を行うときに、4Mという指標が使われます。不良品が発生したり、事故が起きたときに何が原因かを探るために、**Man(人)**、**Machine(機械・設備)**、**Method(方法)**、**Material(材料)**の4つのMから問題点を絞り込みます。

また、**Measurement(計測・検証)**、**Management(マネジメント・管理体制)**の2つのMを加えて6Mとし、ミス防止のため事前対策の指標にする場合もあります。

目標管理においても4Mや6Mから問題点を特定し、遅延やミス・トラブルなどの修正を行います。そして、このことを記録し部署内で共有しておけば、同じようなミスがあればマニュアルとして活用できます。

[6Mでミスの原因を特定する]

●Man（人）

□実行した人のスキルに問題はなかったか？
□適材適所による実施だったか？

●Machine（機械・道具・設備）

□ＩＴ機器やソフトウェアは適切なものを使用していたか？
□リモートワークなど執務環境に問題はなかったか？

●Method（方法）

□手順や実施方法に問題はなかったか？
□マニュアルなどは整備されていたか？

●Material（材料）

□オフィスファシリティに問題はなかったか？

●Measurement（計測）

□KGIやKPIなどの進捗管理指標の設定に問題はなかったか？

●Management（マネジメント）

□業務を遂行する際のマネジメントに問題はなかったか？
□進捗管理体制に不備や問題はなかったか？

具体的行動

問題が起きたときは「人」「機械」「方法」「材料」「計測」「マネジメント」の6Mの指標からも原因を探り、速やかに対処する。

071

問題発見のセオリー④

問題は多角的に検証する

●複眼的に物事を見る習慣をつける

問題発見のテクニックの1つが、現実を複眼的に見ることです。「売り上げ未達」という課題なら、「担当者の努力が足りなかった」で終わらせるのではなく、前項で説明した「6M」や「なぜなぜ分析」（144ページ参照）で多角的に課題をとらえて真因を探ります。

このとき、全体を俯瞰し、異常がある箇所を細かく見ていくことで本質的な課題の発見につなげられます。

たとえば、年間の売り上げデータをざっと眺め、ある月に他の月とは違う異常値が発見できたとします。その月の日別データを見てみるとある特定の日の異常値が見つかりました。その日のデータを詳細に調べてみると売り上げを二重に計上していて数値が倍になっていたことがわかったというような導き方です。

こうして全体から小さな事象に視点を移動する問題発見法に「鷹の目・虫の目」や「鳥の目・虫の目・魚の目・コウモリの目」があります。

●**鷹の目・虫の目**：全体像の俯瞰から異常を発見し、その異常の細部を検証する

●**鳥の目・虫の目・魚の目・コウモリの目**：次ページ参照

[鳥の目・虫の目・魚の目・コウモリの目]

●**鳥の目：**　空から鳥が地面を見るように、全体を広く俯瞰する

・目的から計画全体を眺める
・組織全体の実施履歴を眺める

●**虫の目：**　地面を這うように、現場の視点で問題を深く掘り下げる

・異常値を詳細に分析する
・抽象的な課題を具体的な課題に翻訳する

●**魚の目：**　流れる水のなかを泳ぐ魚のように、時の推移やトレンドから見る

・時流に即して実施していたかを検証する
・時系列の変化から検証する

●**コウモリの目：**　逆さにぶら下がったコウモリのように、逆の立場から見る

・顧客の立場になって検証する
・BtoC から BtoB に発想を変えてみる

具体的行動

問題の原因を探るときはまずは問題の全体を眺め、異常が認められる部分があればそれを細かく検証してみる。

072

問題発見のセオリー⑤

メタ認知力が高い人は問題発見が早い

●メタ認知力を高める方法

自分を客観的に認知する能力のことを「メタ認知」といいます。メタとは「高次の・上位の」という意味であり、自分が自分のことを認知していることがメタ認知です。自分の行動について、もう1人の自分が客観的な立場から制御や調整をする能力と定義できます。もう1人の自分が、自分を上のほうから観察しているようなイメージです。

メタ認知の能力が高い人は、自己分析力も高いとされます。また、**物事を客観的に見る習慣から問題発見力も高い**傾向があるといわれます。物事を客観視し、事態を冷静に分析する習慣があるので、早く問題に気づくことができるのです。

メタ認知の能力はトレーニング次第で高めることができますが、それには次のことを毎日の生活のなかで実践し、客観的に自分を見ることを習慣にします。

①セルフモニタリング：怒りや妬みなどネガティブな感情が沸き起こったら、「自分はなぜそう感じたのだろう？」と自分の気持ちに素直に向き合う

②セルフコントロール：自分の感じたことを素直に見つめ、「ネガティブ感情をポジティブに転化するには何をすればいいのだろう？」と具体的な行動を考える

[メタ認知機能を向上しよう]

なぜ私はこの行動をしたのだろうか

① セルフモニタリング

- 自分の感情を「実況中継」してみる
- 自分の行動を日記につけて客観的に読む

整理
対策

② セルフコントロール

- 自分の行動傾向を分析し、良い行動に転化する
- 自分の感情傾向の因果関係を整理し、対策を講じる

具体的行動

セルフモニタリングとセルフコントロールをセットにして問題発見力につながるようにトレーニングしてみる。

073

原因究明のワザ①

条件が同じ者同士の優劣の差を分析する

●できる人のやり方を分析する

規模やエリア、チームの人数など同じような条件であるにもかかわらず、Aチームはいつも目標達成を果たす一方で、Bチームは成績が安定しないというのはよくあることです。こうしたとき、マネジャーのマネジメントが上手い、メンバーが優秀な人ばかりなど人の問題で片付けられがちです。

たしかに人の要素が大きく関係していることもあるかもしれません。しかしながら、できるチームとできないチームの差はどこにあるのかを検証しないかぎり、問題解決は果たせません。ここで大事なことは、**できるチームとできないチームのどこがどう違うのか、両者を比較しながらその差異を分析する**ことです。

仮に人の問題であれば、**できる人から仕事のやり方をヒアリングし、何が成功ポイントかを洗い出します**。それはたとえば、事前準備が周到なこと、中間目標ごとに振り返りを行うこと、早く着手することを習慣にしていることなどやるべきことをきっちりやる実行力が強いなどの原因究明です。また、ほかのチームとは違った運用の仕組みがある、メンバーのモチベーションの上げ方に工夫があるなど、比較からあぶり出します。

[条件が同じ者同士を比較してみる]

□先述した4W1Hなどの検証項目を設定し、比較対象それぞれができていること、できていないことを抽出する
□双方でなぜ差異が生じているかを検証する

4W1H	Aチーム	Bチーム
What 何が問題か	予算 120％達成	予算 80％で未達
When 時間／時期	・事前準備 ・中間確認	・メンバーの 開始時期バラバラ
Where 場所	・エリア担当に 権限移譲	・エリアごとの 人員配置未整備
Who 人	・ほめる指導	・強権的マネジメント
How 手段	・仕組み化されている	・属人的

具体的行動

目標達成できた人の成功要因と達成できなかった人の失敗要因を分析し、その違いを比較し、なぜそうなったのか、原因を探ってみる。

074

原因究明のワザ②

因果関係だけでなく相関関係も見る

●因果関係と相関関係

目標に至らなかった場合、個人レベルのタスクであってもその原因は1つとは限りません。これまで見てきたように、問題の原因究明は小分けにすると、たとえば「出社と在宅の勤務体制の変化」「顧客訪問の制約」「不慣れなオンライン会議」など複数の原因が絡み合っていたりします。

目標管理では原因と結果の差異分析、つまり因果関係を検証し、結果に至った理由を導き出し、それを次に活かすことが大事です。そして**原因がどんな状態になると結果が良くなったり悪くなったりするのかの相関関係も分析すると実践的な検証**になります。

たとえば、「顧客への直接訪問の回数の減少と営業成績の相関」「オンライン会議の頻度と提案数の相関」といったように、日常的な活動と業績結果の相関を確認することで業務改善にもつながります。

相関関係の視点はトレンドを予測することにも使えます。相関関係についてよく知られた米国の事例に、マーガリンの消費量と離婚率には99%もの高い相関が認められたというものがあります。ただし、これには因果関係は認められませんでした。

[因果関係と相関関係の違い]

因果関係

原因とそれによって生じる結果の関係
Aを原因として、Bの結果に至る

相関関係

一方が変化するともう一方も変化する関係
Aが増加または減少すると、
同じようにBも増加または減少する

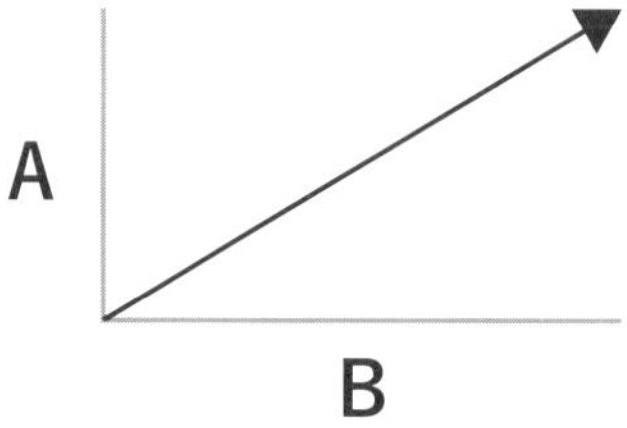

具体的行動

原因と結果の差異分析から因果関係を検証したうえで、原因と結果にはどんな相関関係があるのかを検証する。

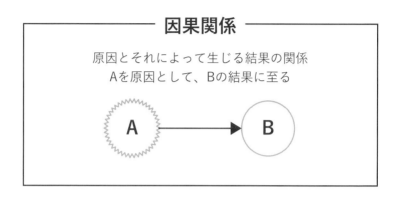

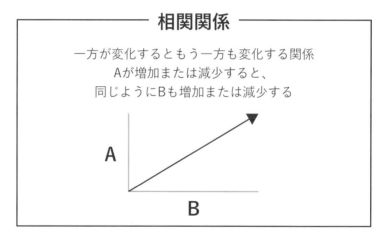

075

原因究明のワザ③

結果に至った原因を小分けに分析する

●特性要因図を描いてみる

それまで順調に売り上げを伸ばしてきたのに急にそれが低下してきたとき、その要因は何かを特定するには前項で説明したようにいくつかの問題が関連して発生していたのかもしれません。

こうしたときの要因分析に活用されているフレームワークが「**特性要因図**」、魚の骨の形状から「**フィッシュボーン・チャート**」などとも呼ばれているものです。**問題を事前に予測したり、問題が発生したときの原因究明や改善などにも使われるもの**です。

売り上げ低下を例に特性要因図の使い方を説明しましょう。

まず、問題となっている売り上げ低下は何が原因かを考えますが、これが魚の頭です。その頭に至った原因をいくつかの視点から探索しますが、その視点として４W１H（１５４ページ）や４M（１５８ページ）を魚の一番太い骨から出ている中骨に書きます。その中骨のテーマごとに原因となっているであろう小骨を書き入れます。

検証する問題から４Mならば、人・機械・材料・方法ごとに問題をブレイクダウンしていき、そこからさらに重要要因は何かを特定します。

［ 特性要因図の描き方例 ］

STEP 1　大きめの紙を用意して、「特性（発生している問題点、現象）」と背骨の部分を記入する

STEP 2　「特性」に影響を与えていると思われる主な要因を、「大骨」部分に記入する

STEP 3　「大骨」に記載した要因を招いた要因を「中骨」に、「中骨」に影響を与えている要因を「小骨」の部分に記入し、根本原因を探っていく

STEP 4　仕上がった図を概観して、要因のモレがないかを確認する

STEP 5　抽出された要因の中で、影響度の高いものを枠で囲んで強調する（重みづけ）

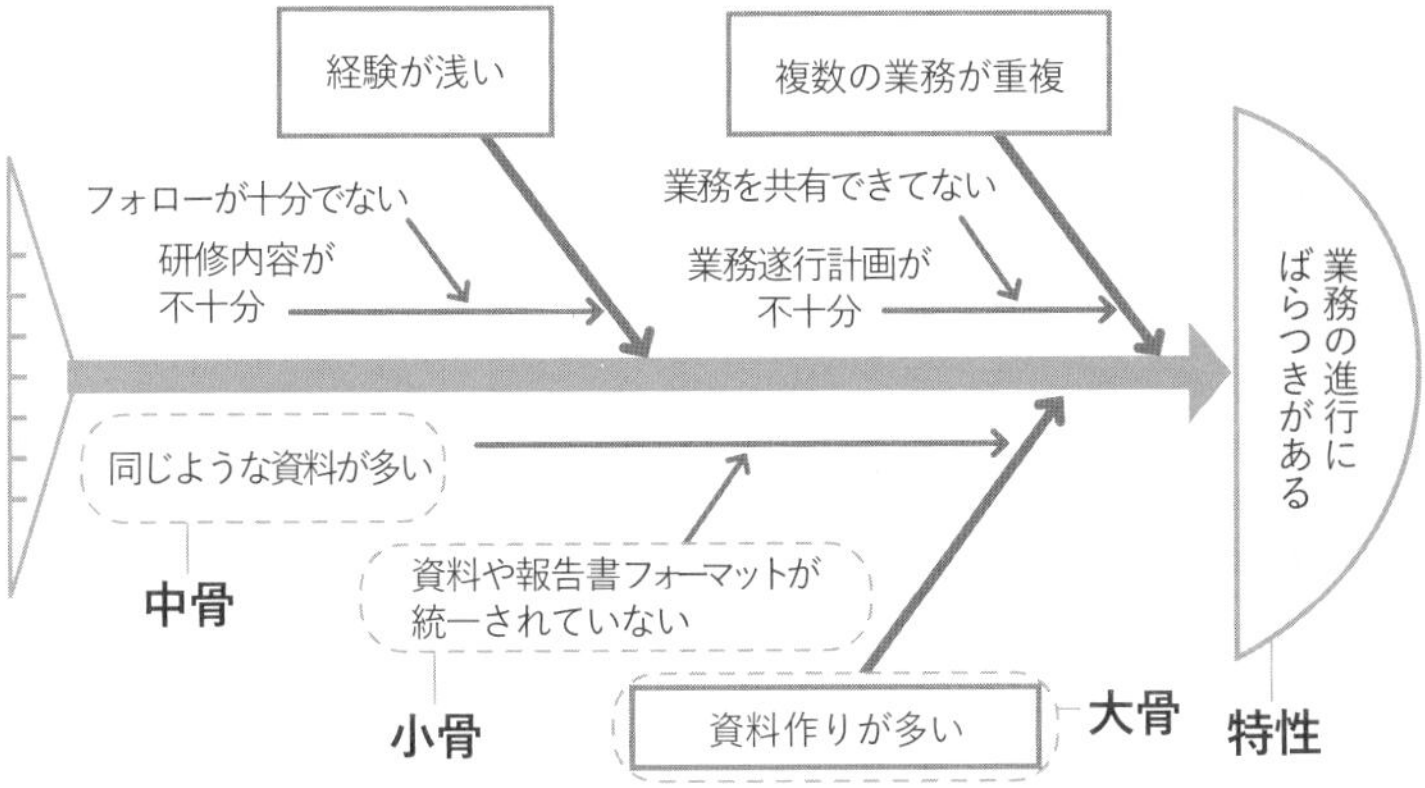

具体的行動

問題の原因究明を探るときには特性要因図を使い、原因をブレイクダウンしていき、そこから重要要因は何かを特定する。

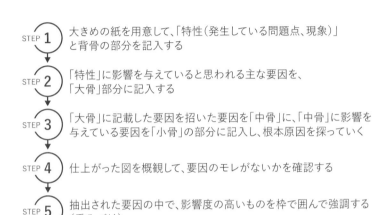

076

原因究明のワザ④

原因の小分けで曖昧さがなくなる

●マインドマップを使ってみる

特性要因図と同様に、**原因究明をブレイクダウンして探索するツールが「マインドマップ」**です。マインドマップは英国の教育コンサルタントであったトニー・ブザン氏が考案したブレインストーミング的発想法です。

マインドマップはシンプルな発想法ですが、考えるテーマや整理すべき課題は明確にしながらも発想は柔軟に行うことに留意します。その方法は次のとおりです。

まずは、整理すべき課題をA3やB4サイズの大きめの用紙（ノートを見開きにしてもよい）の真ん中に書き込みます。このときの課題は特性要因図と同様に4W1Hや4Mなどから設定します。

そして、その課題に関連すると思われる要因などを思いつくままに書き込み、中心においた課題と線で結んでいきます。また、この作業を行う過程で、いくつかの副次的な要因が見えてくることがあります。そのときも副次的要因に関連することをどんどん書き込み、要因を細分化していきます。

この作業を通して、曖昧だった原因が徐々に具体化していきます。

[マインドマップの描き方例]

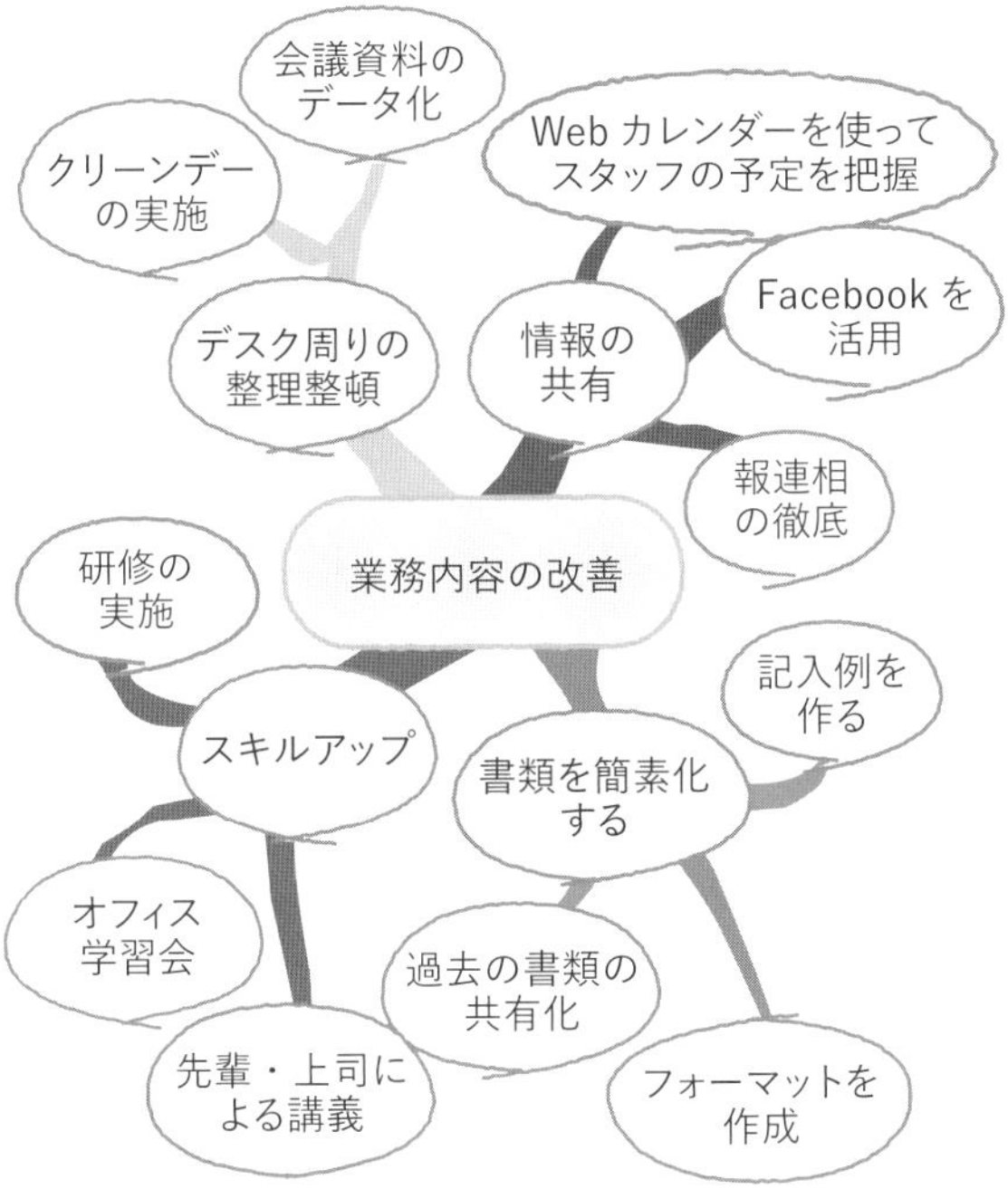

□作成上の注意点

①大きめの紙を使用する（Ａ３またはＢ４）
②言葉は思いつくまま記入する。重要だと思う言葉は囲む
③線と線を結ぶ時は自由に結ぶ。離れた場所の言葉同士でもよい

具体的行動

マインドマップを使って、課題に関連する要因を思いつくままどんどんブレイクダウンし、問題の全体像を見える化する。

077

原因究明のワザ⑤

見える化で原因と結果を明らかにする

●ロジックツリーで真因を探る

ロジックツリーは、問題を起こした根本原因を探求するフレームワークです。根本的な問題からその問題を引き起こした理由をすべて洗い出し、それらの理由ごとにさらに要因を掘り下げていきます。問題を樹形図のようにブレイクダウンしていくことで、詳細な原因究明が行えます。その特徴は、上位の階層から下位の階層に向かって掘り下げていく過程が可視化できることです。樹形図の形で体系化することで、問題点や原因として考えられるものの全体像が把握しやすくなります。

また、この作業過程では１４４ページで解説した「なぜなぜ分析」が使われますが、原因とその根拠の相関がロジックに掘り下げられていくため、原因究明に一貫性が保たれ、真因がわかりやすく抽出されます。

ロジックツリーが上流から下流に向けて掘り下げていくフレームワークであるのに対して、ピラミッドストラクチャーは下流から上流に向かって問題の真因を明らかにするものです。原因として推定されたものが本当の原因かを特定する際、因果関係をさかのぼって精査します。

[ロジックツリーの例]

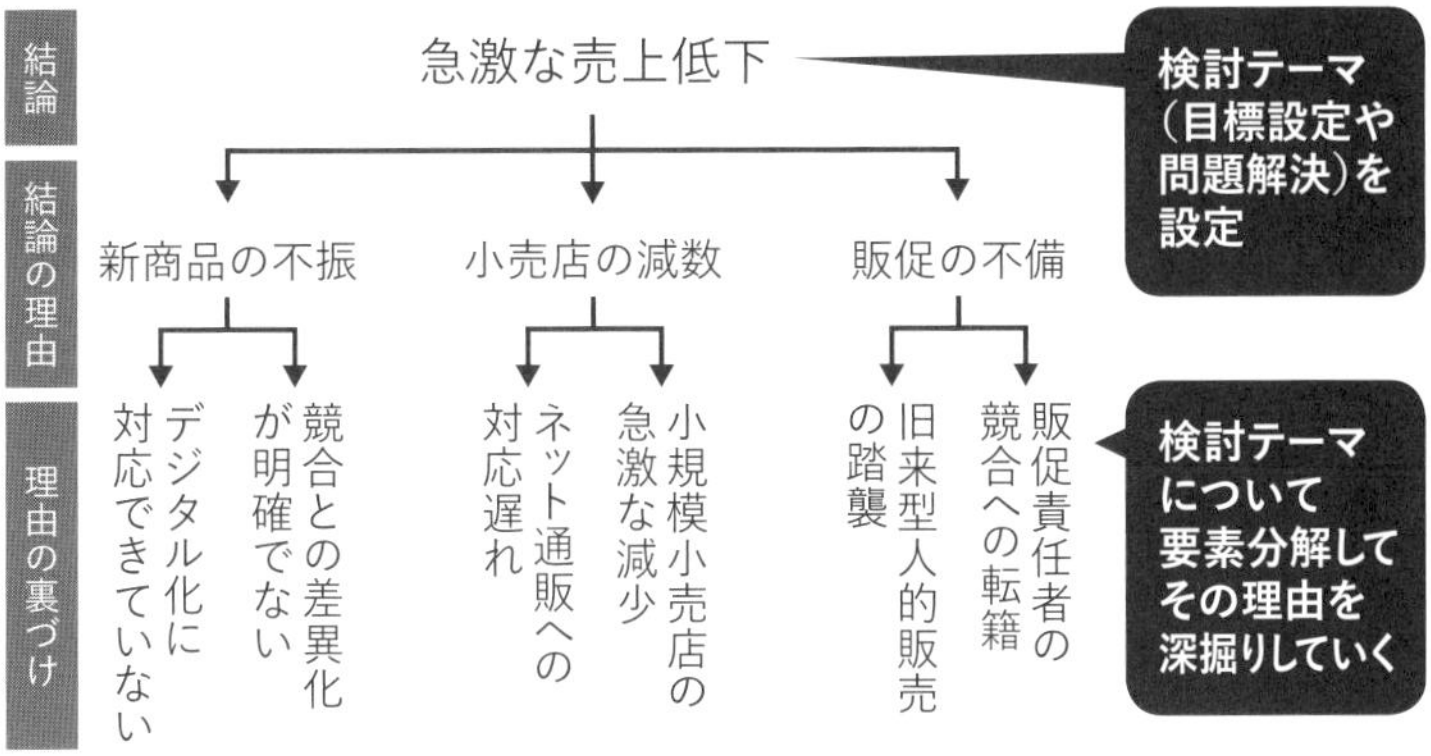

[ピラミッドストラクチャーの例]

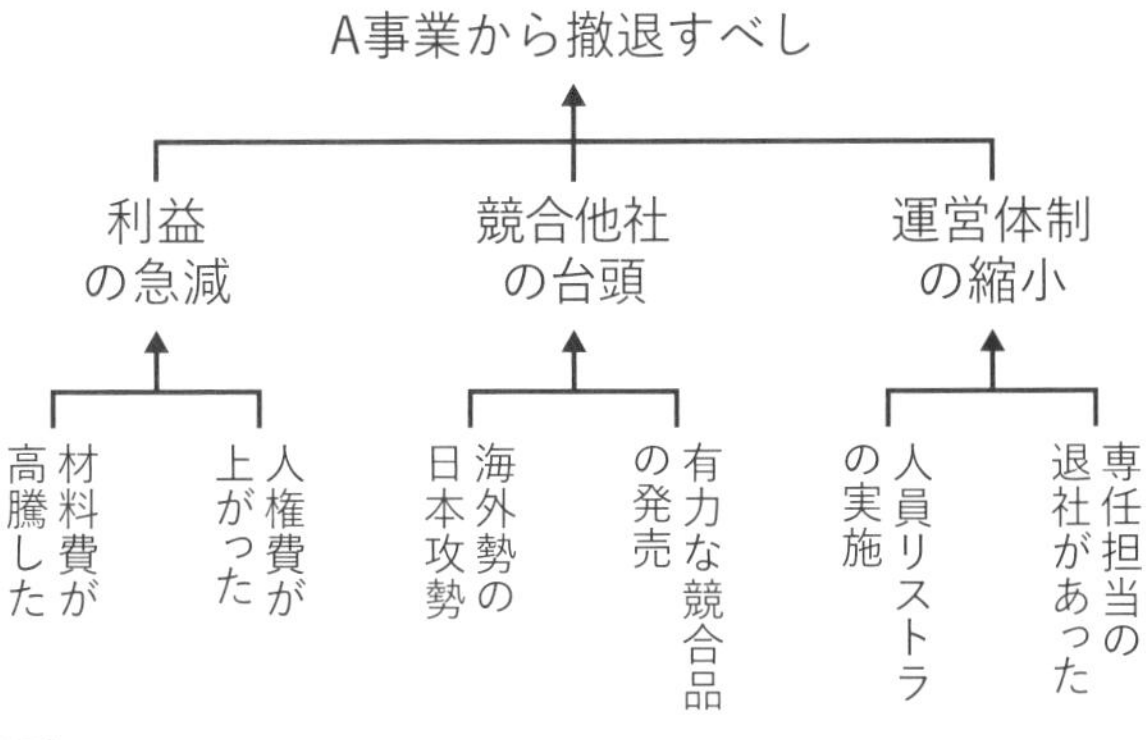

具体的行動

問題についてその原因の掘り下げにロジックツリーを、諸々の問題から対策を考えるにはピラミッドストラクチャーを使ってみる。

078

中間チェックの検証①

中間チェックでPDCAを早く回す

●高速PDCAのメリット

企業の決算サイクルが1年だからといって年間目標も1年かけて達成すればいいと考えがちです。しかし、10カ月で達成できれば、仕事も気持ちも余裕が持てます。**PDCAサイクルを回すうえで重要なのは、着実に成果を上げることとともに、可能なかぎり早めに結果を出す**ことです。それには、中間検証をこまめに行うことです。

実際、スピード感を持って仕事に取り組んだほうが成果は得やすいものです。なぜなら、その時々の成果に満足して安穏としていると、予想外のことが発生したときに対応ができなくなるからです。4～9月期がよくても、10～12月期が大きく計画を割り込めば、1～3月期で挽回するには相当な労力が必要になります。

一方、成果を先取りするために**PDCAを高速で回し続ければ、はじめの貯金分によりその後の仕事に余裕を持って臨める**ようになります。先手必勝です。

また、高速のPDCAを習慣にすると、早期の問題発見&問題解決にもつながります。早期の検証で問題が対処できれば、人や時間など不要な投資を防げます。

[中間検証で問題の芽を摘む]

問題の早期発見&早期解決には問題発生の予兆をとらえることが大事。次の視点で中間検証する。

□**数字**　・四半期や月間などの数字が達成できそうか、早めに予測しておく

□**事業環境**　・法改正や制度改正など事業環境に関わる変化の兆候を早めにつかみ、その影響を迅速に予測する

□**人**　・メンバーの不調のサインや外部の協力者の変調など仕事に影響しそうな変化に備えておく

成果を出せる人

検証を厳しく行い、問題発生にはすぐに対処する。行動が早いので、大きなトラブルを抱えることがなくスムーズに業務をこなせる。

成果を出せない人

検証結果を楽天的にとらえすぎて、問題があってもすぐに対処しない。何かあったときには、取り返しのつかないトラブルになっている。

具体的行動

目標を確実に達成するために、四半期など定期的にプロセスの検証をし、余裕を持ちながら業務ができる仕組みを考える。

079

中間チェックの検証②

問題の予兆を早期発見する

●早め早めの対応を習慣づける

中間チェックでは問題の早期発見を心がけ、何かあればすぐに対策を講じるようにしておきます。このスピード感が大事です。

実際に問題が発生してから対策を講じるのでは、何のために高速でＰＤＣＡを回しているのか意味をなさなくなります。**早め早めの備えをするには、中間チェックの都度、問題の予兆を早めに掴むのだという意識を持つこと**です。加えて、四半期ごとのチェックなら、次の視点で検証します。

●第１四半期：目標や計画が正しい方向性に向かっているかを検証する。この段階でのズレなら軌道修正で挽回可能なことが多い

●第２四半期：全体の進捗確認とやるべきことが着実に実行でき、目標どおりかそれ以上の成果を出しているかを検証する。目標どおり、またはそれ以下なら業績向上の具体的な対策を早めに実行する

●第３四半期：目標達成の確率を数値で計測し、１００％以上の結果を出すためにやるべきことの段取りを組む。目標未達のアラームがあれば、至急関係者と対策を練る

[四半期ごとに中間チェックする!]

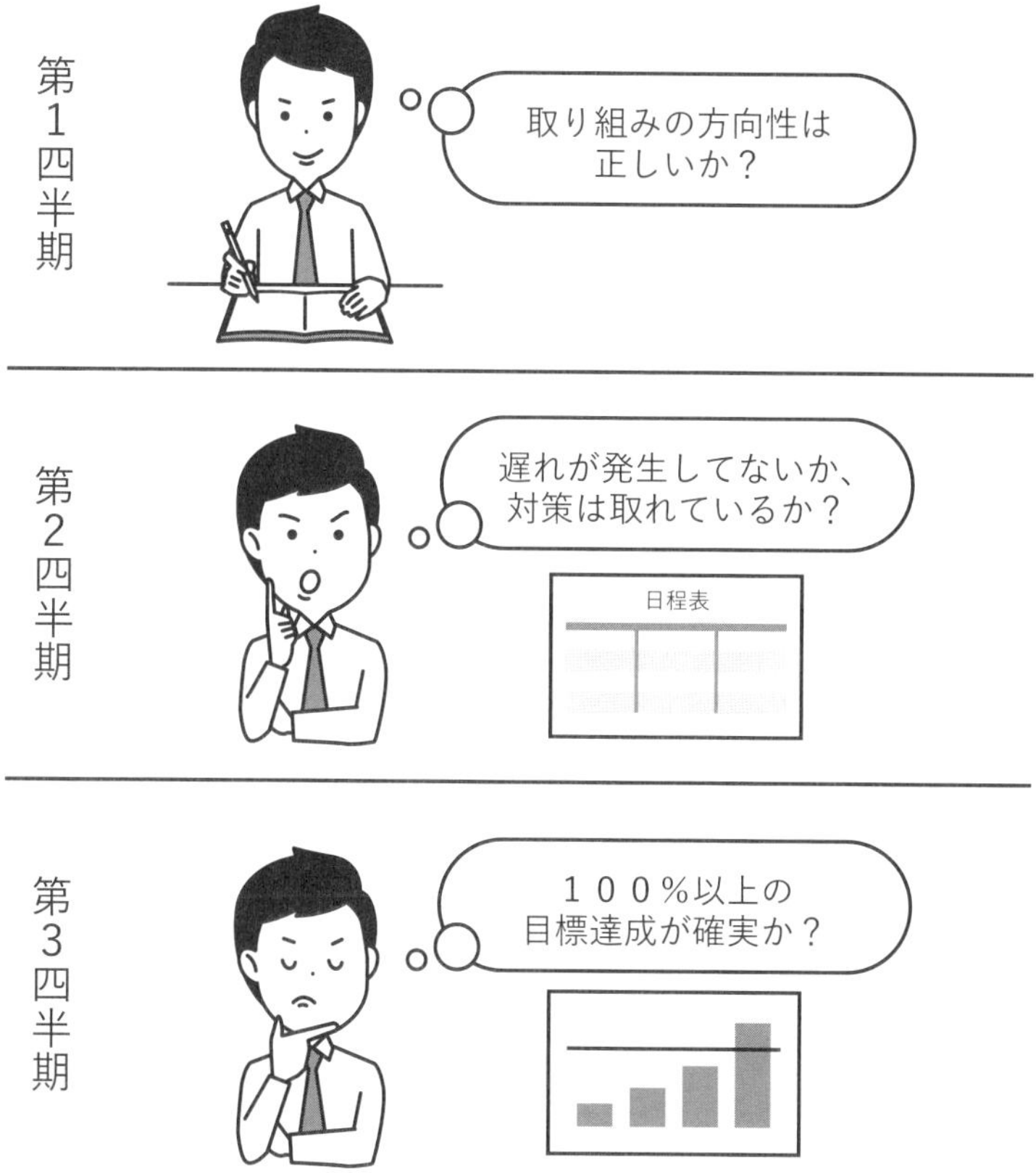
第1四半期
取り組みの方向性は
正しいか？
第2四半期
遅れが発生してないか、
対策は取れているか？
日程表
第3四半期
１００％以上の
目標達成が確実か？

具体的行動

目標の方向性と実績が乖離しないように、短いサイクルで目標管理する習慣を持つようにして、問題があれば早め早めに対処できるように仕事の仕組みを考える。

検証のレベルアップ①

検証する対象と視点を明確にする

●3つの検証対象と5つの視点

検証は、改善につなげるために行います。検証しなければどのように改善するかが判断できず、そうなればPDCAサイクルの回転が止まります。そこで大切なのが、検証・改善する対象をはっきりさせることです。

通常、検証・改善の対象は、「コト」「モノ」「ヒト」です。

「コト」は様々な活動・行動・作業や時間やプロセスなどです。

「モノ」は具体的な商品など形あるもののことです。

「ヒト」は個人のほか、チームや組織も該当します。

この3つの対象について、次の5つの視点から検証を行います。

①目的や要求は何か

②構成はどうなっているのか

③関係者は誰か

④経営資源はどの程度か

⑤問題や制約はあるか

[検証のための5つの視点]

① 目的や要求は何か

その「コト」「モノ」「ヒト」には、どのような役割が期待されているのか。何を目的に行われ、作られ、存在しているのか。

② 構成やパーツはどうなっているか

その「コト」「モノ」「ヒト」は、何で構成されているのか。どのようなプロセスを経て、行われて、作られ、存在しているのか。

③ 関係者は誰か

その「コト」「モノ」「ヒト」には、どのような人が関わっているのか。顧客は誰か、誰が利用するのか。

④ 経営資源はどの程度か

その「コト」「モノ」「ヒト」は、どの程度の経営資源が投入されているか。時間はどの程度かけているか、予算はどの程度か。

⑤ 問題点や制約条件は何か

その「コト」「モノ」「ヒト」には、どのような問題が発生しているか。その「コト」「モノ」「ヒト」には、どのような制約があるか。

具体的行動

検証の対象となる「コト」「モノ」「ヒト」はそれぞれ何が該当するかを確認し、5つの視点から詳細に検討する。

081

検証のレベルアップ②

人や組織の習慣などからも検証を考える

●見逃しやすい検証対象

検証はプロセスや実行結果を精査する作業です。事実をしっかり検証することが大事ですが、人や組織の考え方も含めて検証することも見逃してはなりません。

①できたことも対象：検証する際に誤りやすいのは、「できたこと」をスルーしてしまうことです。「できたこと」にも当然、理由・原因があり、きちんと成功要因を拾い出すことができれば、次の機会にも活かせます。また、「できたこと」を検証する作業は、業務に携わる人のモチベーションを向上させます。

②考え方や習慣も対象：毎回同じような問題を繰り返すチームやメンバーには、特有の考え方が影響を及ぼしている可能性があります。とくに、企業組織では、長年積み重ねてきた習慣や伝統が業務改善を阻むことが多く、しがらみに類することも積極的に検証対象にします。

③目標そのものも対象：検証する場合、見落としやすいのが目標そのものの妥当性です。計画段階では妥当な目標も実行してみると現実性からズレていたり、甘かったりすることがあります。

［ 検証力を高めるための「質の良い問い」 ］

検証では原因を深掘りするために「なぜなぜ分析」が行われることが多い。これを行うには、問いを立てるスキルが欠かせない。真因にたどり着くためには、質の良い問いを立て、仮設を考え、それを検証する。

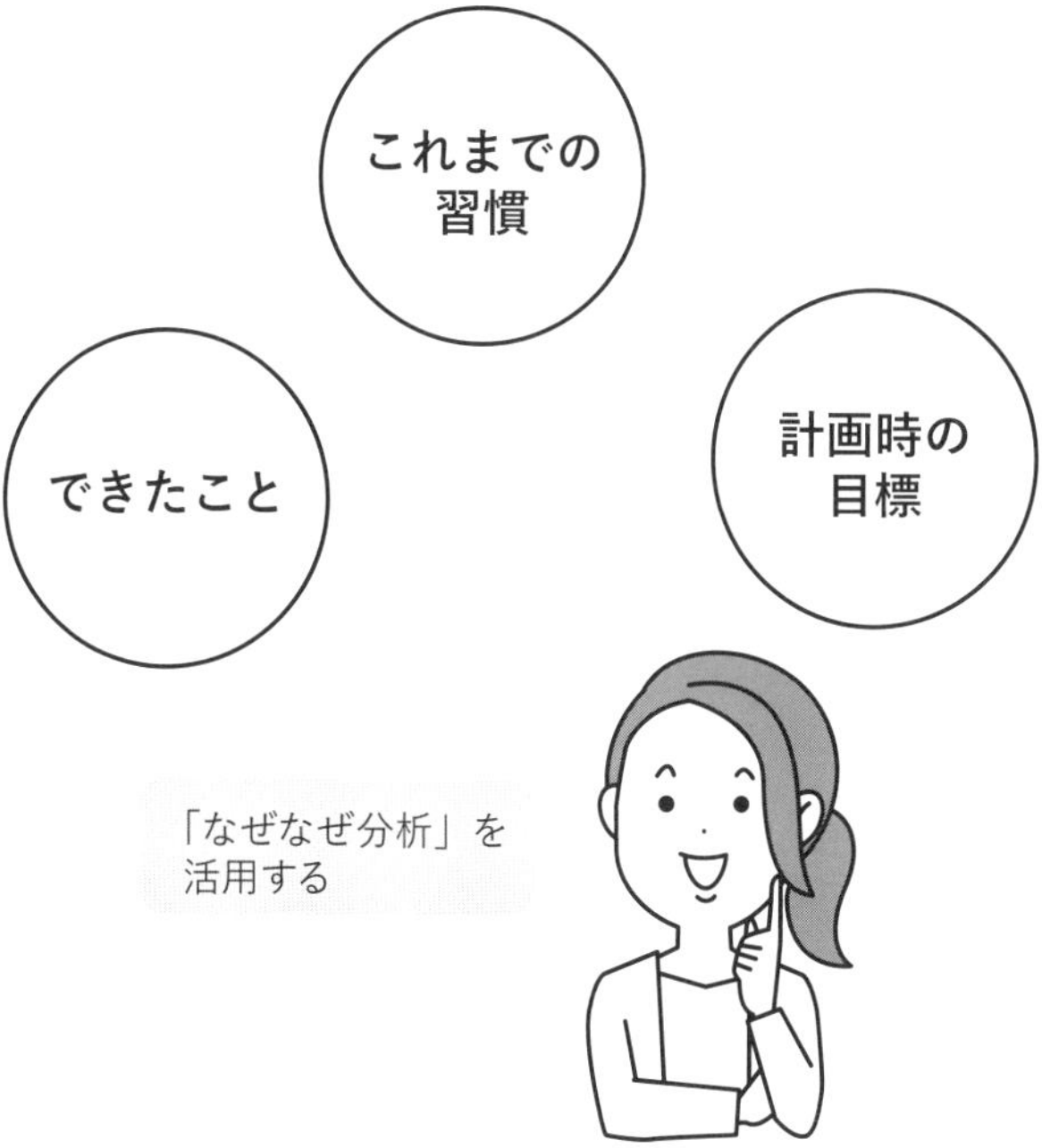

具体的行動

「できたこと」「これまでの習慣」「計画時までの目標」のほか、うまくできたこともできなかったことも含めて、検証対象にする。

検証のレベルアップ③

ミスや失敗からの学びが自己成長を促す

●ミスや失敗から学ぶ

ミスや失敗はできたらしないほうがいいと思うのが普通でしょう。しかし、難易度の高い仕事になるほど失敗やミスの可能性は高くなりますが、挑戦意欲ややり終えたときの達成感も高いものです。PDCAは仕事レベルの向上を図るものです。**より高いレベルの仕事に挑戦し、仮に失敗したらそれを教訓として活かせられれば、成長の糧になります。**楽な仕事を淡々とこなすだけでは学びは得られません。失敗が学ぶ力を鍛えます。

そして、失敗やミスから学ぶためのポイントは、犯した人＝当事者の問題としてだけにとらえないようにします。ミスや失敗の多くは人為的なもので、犯した人に焦点が当たりやすいのは確かです。しかし、当事者の責任だけにしていては問題の本質は解決しません。業務の仕組みや判断基準に誤りがあり、ミスや失敗の原因になった場合、当事者を処分しても、同じようなミスや失敗の発生リスクを減らすことはできません。

重要なことは、ミスや失敗を「ヒト」の問題ではなく、「コト」としてとらえることです。「誰がミスした」ということよりも、「なぜミスが起きたのか」と事実に目を向け、発生の要因を検証することです。

[ミスや失敗は「コト」に焦点を当てる！]

「誰が！」ではなく、「何が！」でミスの原因を探す！

具体的行動

失敗やミスが起きたら「誰が？」ではなく、「なぜ起きたのか？」と事実に向けて発生要因を究明するようにする。

083

検証のレベルアップ④

発生しがちなミスを想定する

●PDCAの各段階で想定されるミス

検証の精度を上げるには、まずは計画時にPDCAの各プロセスで起こりがちなミスを確認し、サイクルを回すなかでその都度、各ステップで検証することです。

①**計画段階で起こるミス**：計画は初期の目的を達成するために、「何を」「どのように」実行するかを明確にしたものです。ここで目的を誤るとその後のプロセスは違った方向に向かうことになります。

②**計画&実行段階で起こるミス**：計画表に記載された内容や指示された内容を誤認することで、どんどん方向性がズレていきます。こうしたミスは、課題を具体的な行動計画に落とし込むときに発生しやすいです。これを防止するには、計画を実行するときに、上司やチームメンバーに確認する習慣を持つことです。

③**実行段階で起こるミス**：計画をいいかげんに理解していたり、実施したことを振り返らずに成り行きで次の作業に入ったりするとミスは起きやすくなります。

④**検証段階で起きるミス**：何をもって検証の基準とするか、評価基準は何かが曖昧なままだと検証が不十分になります。

[ミスや失敗を発見する視点！]

ヒューマンエラーに注意する

ヒューマンエラーとは、人間のミスが原因で起こる問題のこと。どんな原因があるかを知ることで、ミス防止の対策が立てやすくなる。

●ヒューマンエラーの主な原因

不慣れ	経験したことがないことがらだとやり忘れなどが発生しがち
慣れ	慣れていることなどには、感覚的に処理してしまい、確認が不十分となる
見落とし	ほかのことに気をとられ、うっかり忘れる
連絡不足	伝達内容や連絡系統があいまいだったりすると、やるべきことが安定しない
他人任せ	他の人がやるからいいとして、やるべき作業が放置された状態
手抜き	時間制約などで手順どおりに進めることが面倒となり、安易な方法で対処しようとする
自己判断	根拠はないがその方法が感覚的にいいだろうと自分で判断して起こすミス
パニック	やることが多すぎて逼迫した状態となり、ミスを引き起こす
錯覚	思い込みなどで自己流に判断してミスする
注意力の低下	漫然と作業することでダブリやモレを引き起こす
疲れ	疲れからダブリやモレを引き起こす
集中力の低下	単調作業ばかり続けていると、いずれ集中が途切れてミスを起こす

●ミス防止策の一例

① 事前の体制づくり
② ToDoリストなどの確認ツールを準備する
③ 手順書などマニュアルをつくる

具体的行動

PDCAの各ステップで起こりがちなミスを想定しておき、ヒューマンエラーが起こる原因を参考にミス防止を図る。

084

検証のレベルアップ⑤

振り返りで多様な気づきが得られる

●ＰＤＣＡからＰＤＳＡへ

検証の精度を上げるには、多くの人の視点を入れた、振り返りをすることです。事業単位の結果の検証なら、製造と販売の両面から見ることでより正しい検証になります。**チームで検証すると結果の整合性が取れるだけでなく、多様な気づきも期待できます。**たとえば、部門長が数値面を中心に検証しているところで、営業マネジャーが営業チームのホウレンソウの工夫が目標達成につながったとの結果要因を述べれば、現場の声が反映され、結果検証が立体的になります。達成度に関する評価はチームで検証することで多面的になり、より精度が上がります。

検証は結果に至った要因を探り、そこから何が経験則として学べるかのプロセスでもあります。学びを改善につなげることでＰＤＣＡが回ります。

ＰＤＣＡの生みの親デミング博士は後に、ＰＤＳＡを推奨するようになりました。ＳはＳｔｕｄｙ、学習です。取り組み結果を深く省察しようとの提唱です。実施したことから何が学び取れるのか、その学びをいかにチームで共有し改善につなげるのか、Ｃ（検証）をより実践的なものにするためにＳ（学び）の視点を大切にしたいものです。

[多様な視点からの振り返り]

[PDCAからPDSAへ]

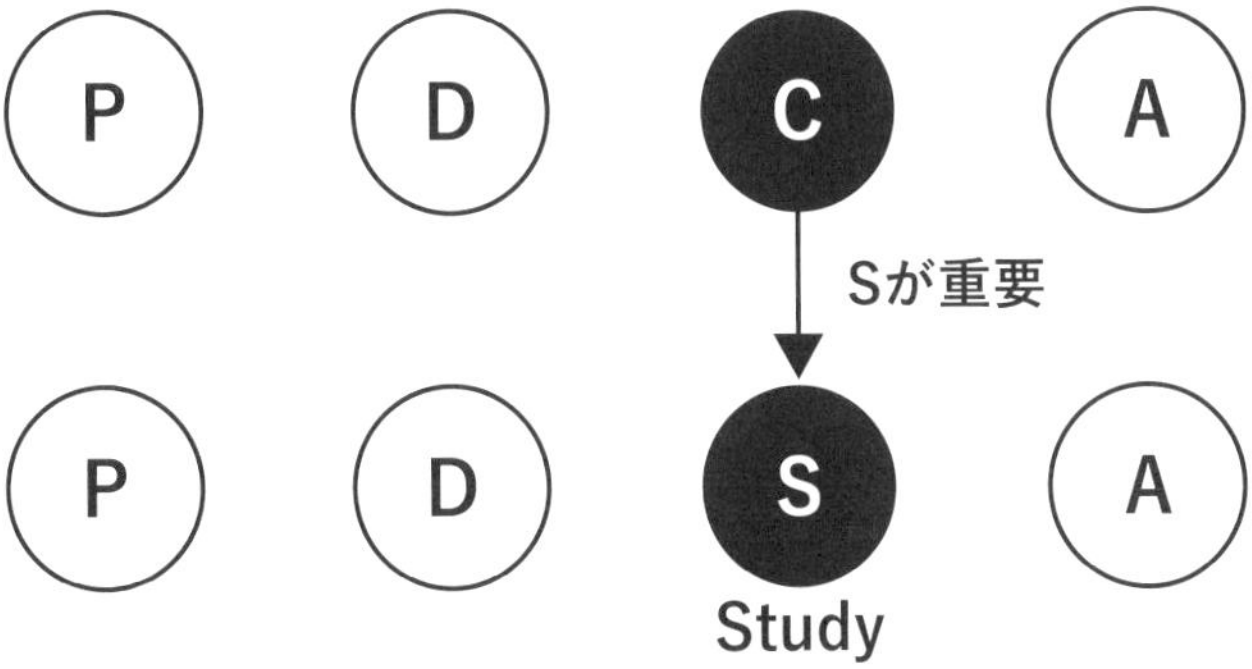

具体的行動

結果検証のための振り返りはチームで行うようにし、多様な視点からの意見から改善策が導けるようにする。

第5章

《Action：改善》改善策を打ち出す！

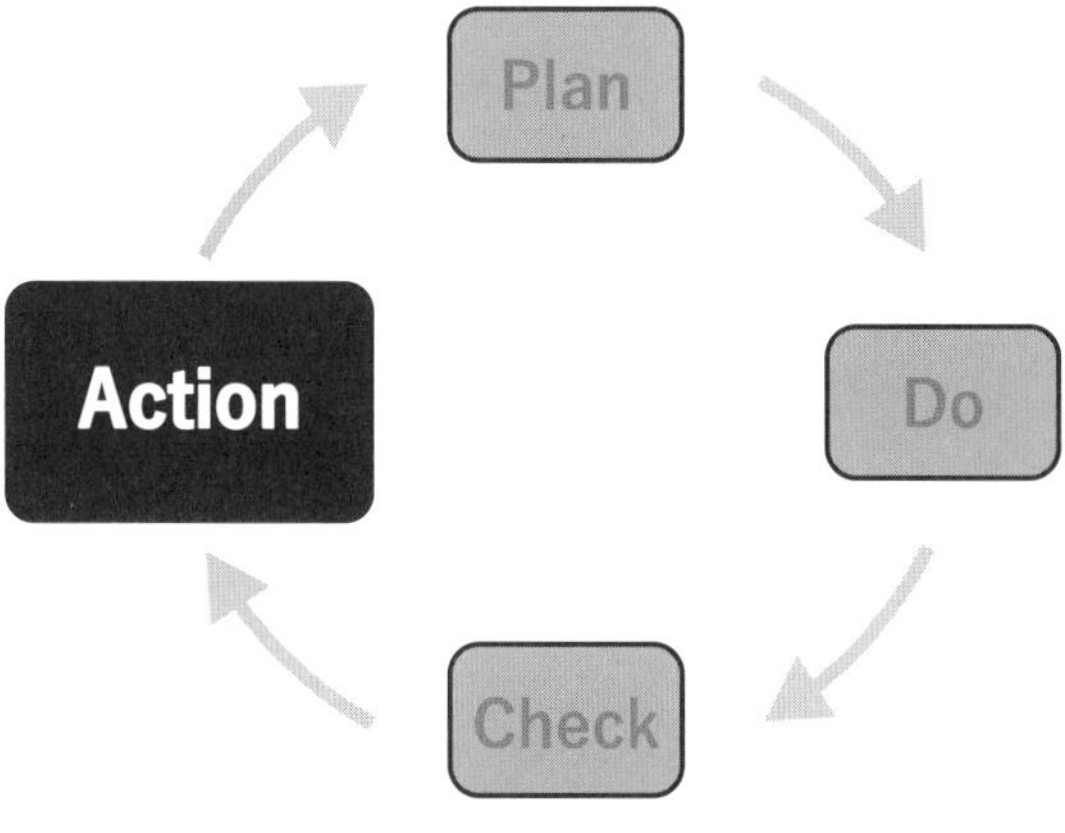

085

改善のセオリー①

改善がうまくできれば、次につながる

●成長のための通過点としてとらえる

改善とは、それまで実施してきたことを検証し、良かった結果は継続して行い、計画とは違った結果についてはどのように改善すべきかを考え、次のＰＤＣＡサイクルにつなげるための重要な通過点です。ＰＤＣＡのＡをゴールととらえてしまうと、そこでサイクルは止まります。あくまでＡは次への成長のための通過点としてとらえます。

そして、**改善は努力目標ではありません。結果検証から考え出されたいくつかの改善策のなかから最も効果的で実現性の高いものを選択して実行する行動指針**です。

たとえば、「リモートワークの移行率向上に努力する」と「リモートワークの移行率向上に改善する」では行動が明らかに違ってきます。どちらも成果を上げるための指針であることには違いはありませんが、「努力する」はがんばるという意欲にすぎず、何をするかが曖昧です。一方、「改善する」は達成手段や方法をこれまでとは変えて具体的に行動することを意味します。

ところで、改善は新たな課題としてとらえられることがありますが、それまでのムダ・ムラ・ムリを排除することでもあり、従来のやり方を否定するものではありません。

［「改善」とは何か］

● より高い成果を上げるために達成手順や方法を変更すること

● 業務のムダ・ムラ・ムリを排した合理的な取り組みを行うこと

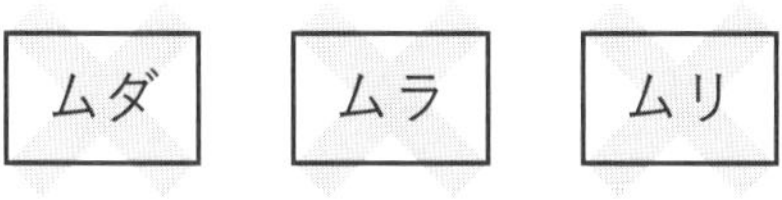

● 精神論や根性論を排し、効率的に成果を上げるため、知恵を結集すること

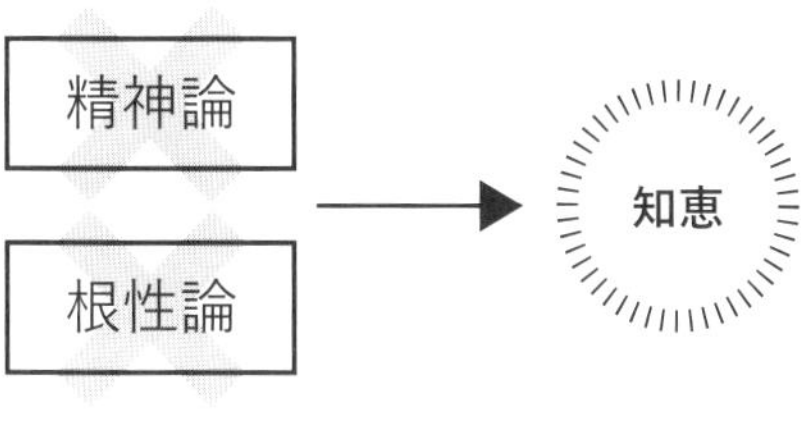

具体的行動

「改善とは結果検証から最も効果的で実現性の高いものを選び実行する行動指針」という改善の意義を正しく理解し、成長のための通過点としてとらえる。

086

改善のセオリー②

改善で大事なことは「まずは実行！」

●改善は必要なところからすぐにはじめる

改善についての誤った認識の1つに、改善は現状の否定であり、はじめからやり直すためには多大な労力が必要だということがあります。確かに**改善を実行するには時間もエネルギーも必要ですが、できることからはじめるという意識、つまり「まずは実行！」することがなによりも大事**です。

また、改善は多大な労力を必要とする改革とは違います。

仕事レベルを向上させる取り組みに「業務改善」と「業務改革」があります。業務改善は日常的な業務をより快適にするために工夫しながら効率性を高めることです。一方、業務改革は既存の業務プロセスを抜本的に見直して再構築することであり、BPR（ビジネス・プロセス・リエンジニアリング）ともいわれます。

改善の本質は小さなところから少しずつ変化させていくことにあります。まずは必要と思うところからすぐに実行していくことが改善活動を習慣化していくうえで大変重要なことです。そして改善活動を進めるには4つの切り口から考えるとわかりやすいのですが、すぐに効果が出るのが「実現度が高く認識度も高い」ことです。

［ 4つの改善ポイント ］

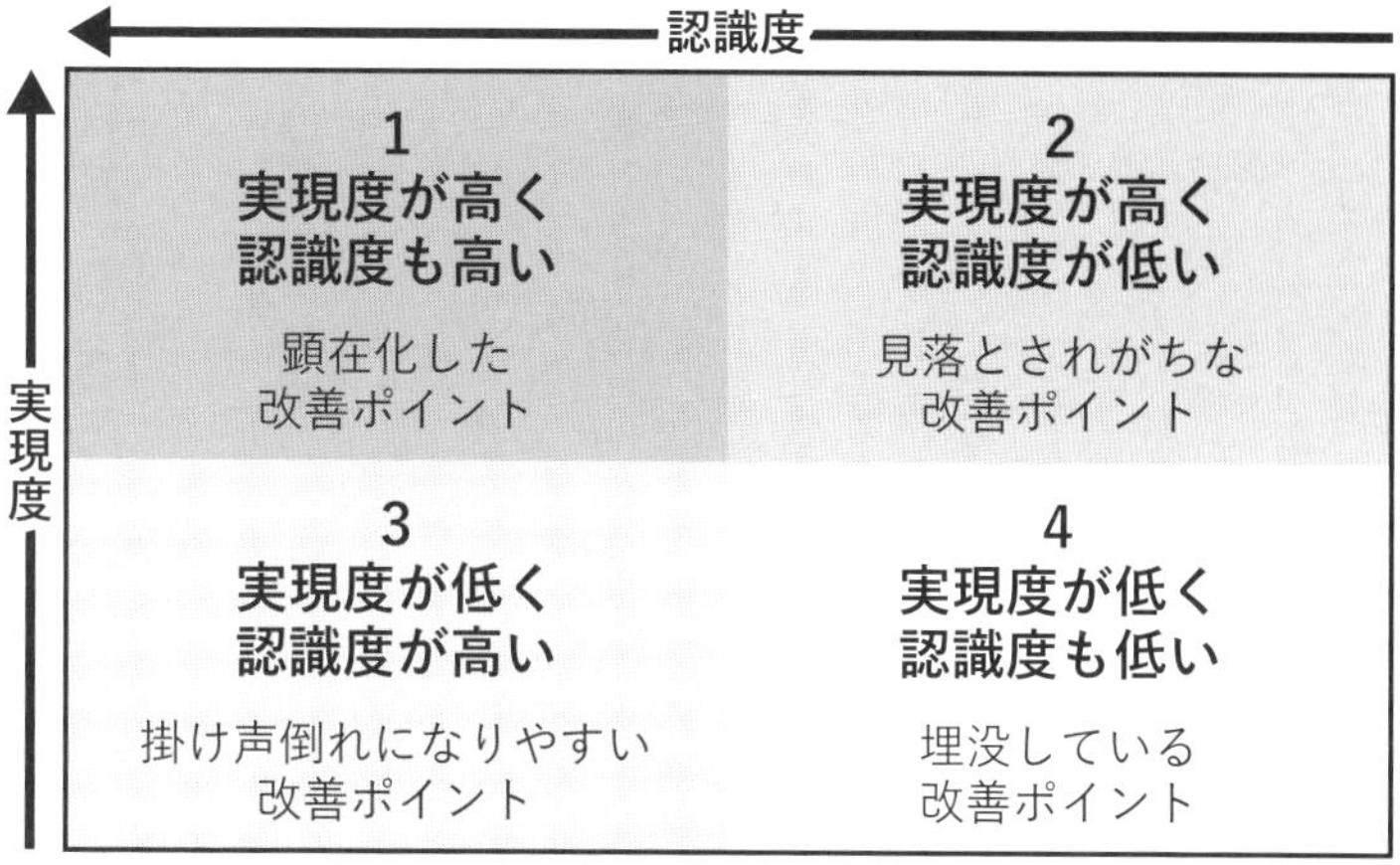

［ 業務改善と業務改革の違い ］

業務改善

日常的な業務をより快適にするために
工夫しながら効率性を高めること

業務改革

既存の業務プロセスを抜本的に見直して再構築すること

具体的行動

改善と改革の違いを認識し、改善するべきことを見出したら、まずはすぐに実行することを習慣にする。

改善のセオリー③

変化に前向きになれば、改善は進む

●改善を推進するための4条件

PDCAの良い点は目標達成を早めること、仕事レベルをスパイラル状に向上させることと、さまざまな業務スキルが身につくことなどいくつもありますが、変化を推進するエンジンになることも大きな利点です。

①変わるために学ぶ：CからDへと展開する際には改めて検証した内容を省察することです。検証結果から個人やチームとして何が学べたのかをいま一度振り返ります。

②どう変わるかを決める：検証結果を振り返ったら、何をどのように変えるかを決めます。改善課題がいくつかある場合は、目的と照らし合わせて優先順位を決めます。

③変わろうという意志を強くする：改善課題を決め、その手順や具体策を決めて行動に移すには自分ごととして取り組むことです。よりよい行動は自発的な意欲から推進されます。自分は変わるんだという強い意志がその勢いを増進させます。

④行動を変える：「さぁやろう！」という意志を強くしたらまずは一歩を踏み出します。

PDCAは高速で回すことで改善レベルの向上がスピードアップし、「すぐやる」意識が強まっていきます。PDCAの高速化ですぐやる人に行動を変えましょう。

【 行動力をドライブするための「には」発想 】

改善活動を推進するためには後ろ向きの姿勢を前向きの姿勢に転換することが大事。それには「たら・れば発想」から「には発想」に転換する！

たら・れば発想	には発想
お金があればできる	安くあげるにはどうしたらいい？
時間があればできる	早くやるにはどうしたらいい？
指示をいただければできる	成果を上げるにはどうしたらいい？

具体的行動

改善力を身につけるために、「変わるために学ぶ」「どう変わるかを決める」「変わろうという意思を強くする」「行動を変える」を心がける。

改善のセオリー④

検証課題の振り返りから改善策を考える

●改善行動の前にCの検証結果を再度確認する

改善のためには「何を（どこを）」を改善するのか課題設定を適切に行うことは、ムダ・ムラ・ムリを防ぐために重要です。それには、改めて検証結果を振り返り、問題点を確認することです。

そもそも**改善は問題点をなくし、以前よりもより快適な状態に環境を整えること**です。これを目標管理で考えてみましょう。

個人の売り上げ目標が未達成だとした場合、当初の計画どおりできたかどうかをCの段階で確認しますが、ここで問題を発見し、その問題を課題に置き換えます。行動力が不足していたことが問題だとしたなら、行動力を上げるにはどんな施策を講じればよいかと具体的な行動を課題にします。「週に5件の顧客とのリモート面談」「週に1件の新規顧客へのアプローチ」などの施策はCを検証することから導き出されます。

こうして問題を1つ1つつぶしていくことで、より活動しやすい環境を整備します。あとは新たな計画に基づいて実行していくことで次のＰＤＣＡが回りはじめます。

[問題点を見つけ出すポイント]

① 目標や計画と現実との間にあるギャップ、状況や行動の変化から問題点を抽出する

② ミスやトラブルが発生した機会をとらえて問題点を抽出する

③ 自らの業務の流れを書き出し、問題が発生しやすい箇所・作業を抽出する

④ 不愉快、不都合、不備、非効率、非生産的といった否定語が使われている業務のなかから改善点を抽出する

⑤ 特定の人に集中している業務、依存している業務のなかから改善点を抽出する

具体的行動

改善策の実行のために検証結果を改めて振り返り、その確認から「以前よりもより快適な環境」に改善することを心がける。

089

改善のセオリー⑤

職場の不満不都合から改善箇所がわかる

●ネガティブワードが改善候補

改善は以前よりもより良い状態にすることです。そのため、**改善が必要な箇所を探すには、職場で不満や不都合が起きているところから発せられるマイナス表現に着目**します。「煩わしい資料作成」「意味不明な慣習」「不安定なオフィス機器」「非効率な会議」「わかりにくい評価方法」「非現実的な目標設定」……。こうしたネガティブな言い方がされている箇所は改善候補です。

このほかにも働きやすさを阻害する職場内の言動も改善候補です。その代表がハラスメント行為やコンプライアンス問題などのリスク、長時間労働などです。

こうした問題については速やかに改善策が必要ですが、一時的な対症療法ではなく、問題が再発しないような仕組み化を考慮して施策を実行します。そして、実行したことがきちんと組織内に定着し、うまく運用できているかを必要の都度検証し、改善策をどんどんレベルアップしていきます。

これは半永久的に検証して改善するということではありません。職場で不満の声が聞かれなくなったところで、その問題はほぼ解決したと判断します。

［ こんな言葉に注意しよう ］

やりにくい、
わかりにくい、
見にくい

不満、不足、
不備、不快

非効率、
非生産的

イライラする、
ハラハラする

くどくど、
何度も、
またぁ！

具体的行動

改善が必要なところをネガティブワードから抽出し、対症療法的ではなく、再発しないように仕組み化する。

090

改善のセオリー⑥

属人的な業務が多い職場はリスクが高い

●特定の人に特定の業務が集中するリスク

あなたの職場に特定の人に特定の業務のノウハウが集中し、「あの人でなければわからない」「あの人しかできない」といわれるものがないでしょうか。それも、高度な専門知識が求められる領域ではないのに特定の人に業務が集中し、依存している状態です。こうした属人的な業務を放っておくととても危険です。すぐに改善が必要です。

その人がいなくなれば業務は必ず滞りますし、問題が起きたら誰も対処できません。特定の人に特定の業務が集中、依存していることは実は職場の大きなリスクなのです。

こうした状態はなぜ放置されるのでしょうか。それは、その職場の管理者の危機意識が低いからです。リスクマネジメントが行えないのであれば管理者失格です。

リスクは分散しておくことがセオリーです。いみじくも新型コロナにより出勤が交替制になった職場では特定の人の業務を他の人に委譲できず、その業務の担当者は毎日出勤せざるをえなくなったという事例も報告されています。これは勤怠管理にも問題を起こしたことになります。こうした事態がもしあなたの職場にあるのなら、すぐに改善候補として善処しましょう。

［ こんなときに業務が集中しやすい ］

●次のような状況にあれば注意が必要だ

□特定の資格がなければその業務に対応できない
□知識・スキル・経験が特定の人に偏りすぎている
□特定の人に特定の業務を委任したままの状態にある
□特定の顧客や協力会社との関係が密な人がいる

要資格
案件
手伝いたいけど
あの人にしかできない…

**リスクを分散するには
どんな方法があるか考えてみる**

具体的行動

特定な人に集中・依存している業務は職場内で分散しリスク回避を行い、属人的な業務については改善するようにする。

091

改善策の検討①
やめる・減らす・変える

●業務を極力スリム化する

職場の業務改善では、日常業務のムダ・ムラ・ムリを取り除くことが大事だといわれます。**ムダは付加価値を高めない業務、ムラは品質のバラツキ、ムリは準備や時間が不十分な状態で無理やり実行すること**です。これらは仕事の品質を低下させる元凶ともいえるものです。この元凶をなくすのが、「やめる」「減らす」「変える」です。

業務というものは放っておくとどんどん膨張していきます。それが必要なことであればまだしも、慣習的にそのまま残された業務は形骸化して意味をなさなくなります。その弊害は見直すために「やめる」「減らす」「変える」で改善します。

①**やめる**：いま手掛けている業務のなかでやっていて意味がないこと、やめても支障がないものをピックアップしていくと、それだけで改善のための具体策となります。

②**減らす**：やめることができない業務は頻度を減らすことができないかを考えます。

③**変える**：改善は、初期の目的をより高いレベルで達成するために手順や方法を変えることでもあります。したがって、変えることで成果が上がる業務、効率的になる業務をピックアップし、改善策を考えて実行します。

[ムダ・ムラ・ムリ]

ムダ	ムラ	ムリ
付加価値を高めない業務	品質のバラツキ	準備や時間が不十分な状態で無理やり実行すること

[ムダ・ムラ・ムリを取り除く、やめる・減らす・変える]

① やめる

□体裁重視の報告書などの社内文書
□メンバー全員が帰社するまでの待機

② 減らす

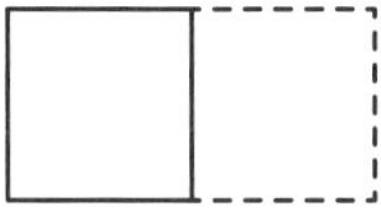

□会議五悪の会議（会せず、会して議せず、議して決せず、決して実行せず、実行して責を取らず）
□顔見せだけの顧客訪問

③ 変える

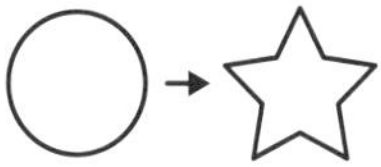

□業績評価の方法（職能型から職務型へ）
□形骸化している就業規則

具体的行動

業務改善のために、日常業務のムダ・ムリ・ムラを取り除く目的で、「やめる・減らす・変える」を職場の標語にする。

092

改善策の検討②

ぼんやりとした問題は仮説を立てる

●仮説思考で改善策を導く

営業チームの業績についての検証作業からメンバーのパフォーマンスにムラが出ていることがわかったとします。その要因は複数あるのですが、コロナ禍でリモートワークに切り替わってからそれが顕著になったという事実が見えてきました。このとき、「リモートワークでの営業に得手不得手の人がいる」と仮説を立て、ならば何を改善すれば問題は解決されるのかと考え方を展開するときに「仮説思考」が有効です。

仮説思考とは、問題解決やアイデア発想のときに常に仮説を立てながら最終的な仮説を導き出して答えにアプローチしていく思考法です。

たとえば、「リモートワークでムラが出ている」という事実について、「だからどうした?」と問いを立て、「ヒアリングの結果ウェブ会議ツールの使い方に問題があるようだ」と判明してさらに「だからどうした?」と展開していき、「ツールの活用法と営業アプローチの研修会の開催が必要なのではないか?」との最終的な仮説を導きます。

仮説思考の特徴は、手持ちの情報をもとに問いを立てていくことで早い意思決定につながることと、仮説に問題があるとわかればすぐに修正して対応できることです。

［ 仮説思考をトレーニングしよう！ ］

仮説思考とは

目標達成や課題解決に向けて、結論となりそうな答え（仮説）を想像し、その仮説が正しいかどうかを実証していくことで最終的な結論を見出す思考法のこと。

●仮説思考のポイント

① 仮説思考は逆算思考

□これまでの経験や蓄積された知識をもとに、「確からしい答え」を直感的に導き出し、それが本当に正しいかどうかを分析して検証する

□その分析には、調査データなどの他に、課題となっている分野の専門家や関係者たちと深くディスカッションして得る定性情報も重視する

② ものごとをクリティカルに見る

□クリティカルとは常識的なことを疑ってみたり、潜在的に隠された事実を洞察していくこと

□クリティカルな視点をトレーニングするには次の方法を習慣にするとよい

□事象や事実に対して「So what?（それで何？）」「So why?（なぜなの？）」と問いを立てる

例）東京の感染者が500人を超えました。
→So what？（それで何？）：500人を超えた事実から何がいえるのだろう？
→So why?（なぜなの？）：500人の感染者が出たのはなぜなんだろう？

③ 経験や知識を蓄積する

□良い仮説は経験や知識が多いほど直感的に導き出せる

□多くの情報に触れ、それを取捨選択できる審美眼を持つ

具体的行動

ぼんやりと疑問に思うことは仮説思考で問いを立て、真の仮説を掘り下げていく。その際にクリティカルに見ることがポイントになる。

093

改善策の検討③

仮説は論理的に証明する

●ピラミッドストラクチャーで仮説を証明する

仮説の正しさを論理的に説明する際に、その根拠を示して証明するフレームワークが第4章（172ページ）で説明したピラミッドストラクチャーです。元マッキンゼーのバーバラ・ミント氏が論理的思考法として体系化したものです。

まず設定した仮説についての根拠を2つから3つほど出し、さらにその根拠の根拠を2つから3つほど出します。この作業では最上位に置いた仮説ついて「なぜそういえるのか？」と質問することで根拠を導き出します。

たとえば、「コロナ禍で新卒応募者数の減少」という問題を「応募者増への回復」という課題に置き換え、その解決策となる仮説を「ハイブリッド型面接の採用」と設定したとします。その仮説が適切かを証明するため、「なぜその仮説が正しいのか？」という問いから3つほど根拠を示します。さらにそこで出した根拠についての根拠をそれぞれ2つほど出し、すべてに整合性が認められれば、その仮説の説得性が証明されます。

こうしてピラミッドストラクチャーを使えば、結論（仮説）と根拠を体系的に整理していけるので、論理の構造の整合性が誰が見てもわかるようになります。

［ ピラミッドストラクチャーの活用例 ］

〔**問題**〕　新型コロナ禍で新卒応募者数が減少

〔**課題**〕　応募者増への回復

〔**仮説**〕　ハイブリッド型面接の採用

〔**根拠**〕　①応募しやすい　〔**その根拠**〕
・対面とオンラインを選択できる
・遠方の応募者も応募できる

②ＰＲ効果が高い　〔**その根拠**〕
・広報機会が増える
・広報の手段が多様化する

③変化に対応できる　〔**その根拠**〕
・感染が拡大しても対応できる
・感染が収束しても対応できる

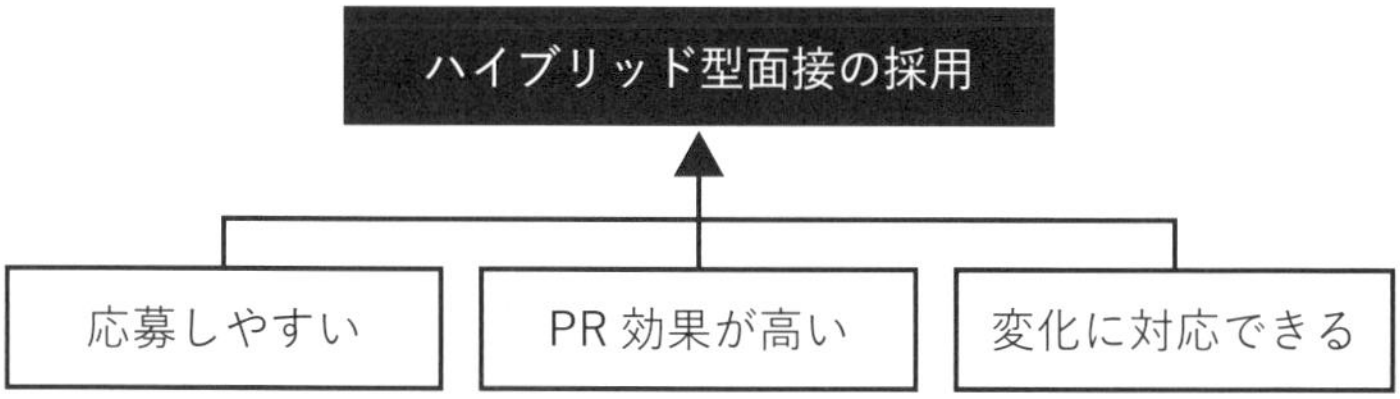

ピラミッドストラクチャー

具体的行動

仮説の正しさの根拠を論理的に説明するために、ピラミッドストラクチャーを使うことで説得性が高まるようにする。

改善策の検討④

アイデア発想法を使って気づきを得る

●SCAMPER法を使ってみる

改善は以前よりも良い状態に変えることだと先述したように、これまでのやり方をベースにしていかに効率化できるかを考えることからはじめてもいいでしょう。そのとき使えるアイデア出しのフレームワークに「SCAMPER法」があります。これはアイデア発想の古典的手法の「オズボーンのチェックリスト」をより使いやすくした方法です。

「オズボーンのチェックリスト」は既存の物事から発想を生み出していくためのアイデア発想法であり、9つ用意された質問の答えを考えることで新たな視点の気づきを導き出すものです。この考え方を応用したのが「SCAMPER法」です。

「SCAMPER法」では質問は7つです。7つの質問の頭文字からその名が付けられました。やり方はとてもシンプルで、テーマを設定し、そのテーマについて7つの質問をさらにブレイクダウンした合計48の質問リストに回答していくことで具体的な方策が導き出されていきます。

この方法ではじっくりと考えをまとめるよりも、とにかくアイデアを早くたくさん出すことが目的の場合にとくに有効とされています。

［ アイデア発想法を使ってみる！ ］

●オズボーンのチェックリスト

転　用	ほかに使いみちはないか？
応　用	ほかのアイデアは借りられないか？
変　更	変えられる部分はないか？
拡　大	大きくしてみたらどうか？
縮　小	小さくしてみたらどうか？
代　用	ほかのものに代用できないか？
置　換	入れ替えてみたらどうか？
逆　転	逆にしてみたらどうか？
結　合	組み合わせたらどうか？

●SCAMPER法

S：Substitute	何かを代用できないか？
C：Combine	何かを組み合わせられないか？
A：Adapt	何か似たものに適用できないか？
M：Modify	何かを修正できないか？
P：put to other uses	何かほかの使いみちはないか？
E：Eliminate	何かを省略できないか？
R：Reverse / Rearrange	何かを再編成できないか？

具体的行動

問題解決の方法に限らず、アイデア出しするときは、オズボーンのチェックリストやSCAMPER法などのツールを活用して、多くの案を抽出する。

095

改善のレベルアップ①

やり続ける意志が改善を着実に進める

●まずは実行。できなくても諦めない

改善策を決めたら、すぐに実行します。**実行度を上げるには、できるところからスタートすること**です。改善策を決めた段階で「これならすぐにできる」と思ったことは則実行し、着実にやるべきことを1つ1つ完了させていきます。やるべきことを溜めてしまうと負担がどんどん増えることで、ストレスを生みかねません。仕事の貯金はどんどん吐き出すことがやる気持続のコツでもあります。

また、改善策の実行中に失敗やミスもありますが、修正すればいいとポジティブにとらえることでやる気を下げないようにすることも大事です。どんなに準備万端整えても、仕事の実行段階には予期せぬことも起こりえます。100%の完成度をめざしながらも、むしろ80%の出来でも評価できると考えると改善実行への心のハードルが下がります。

PDCAは繰り返しの作業です。やってみて壁にぶつかったら立ち止まって原因を考える。原因がわかったら対策を実行する。そうして一歩一歩次の階段を上っていき、着実に目標達成に向かうことでPDCAが身についた状態といえるのです。

[PDCAは試行錯誤しながらの山登りと同じだ!]

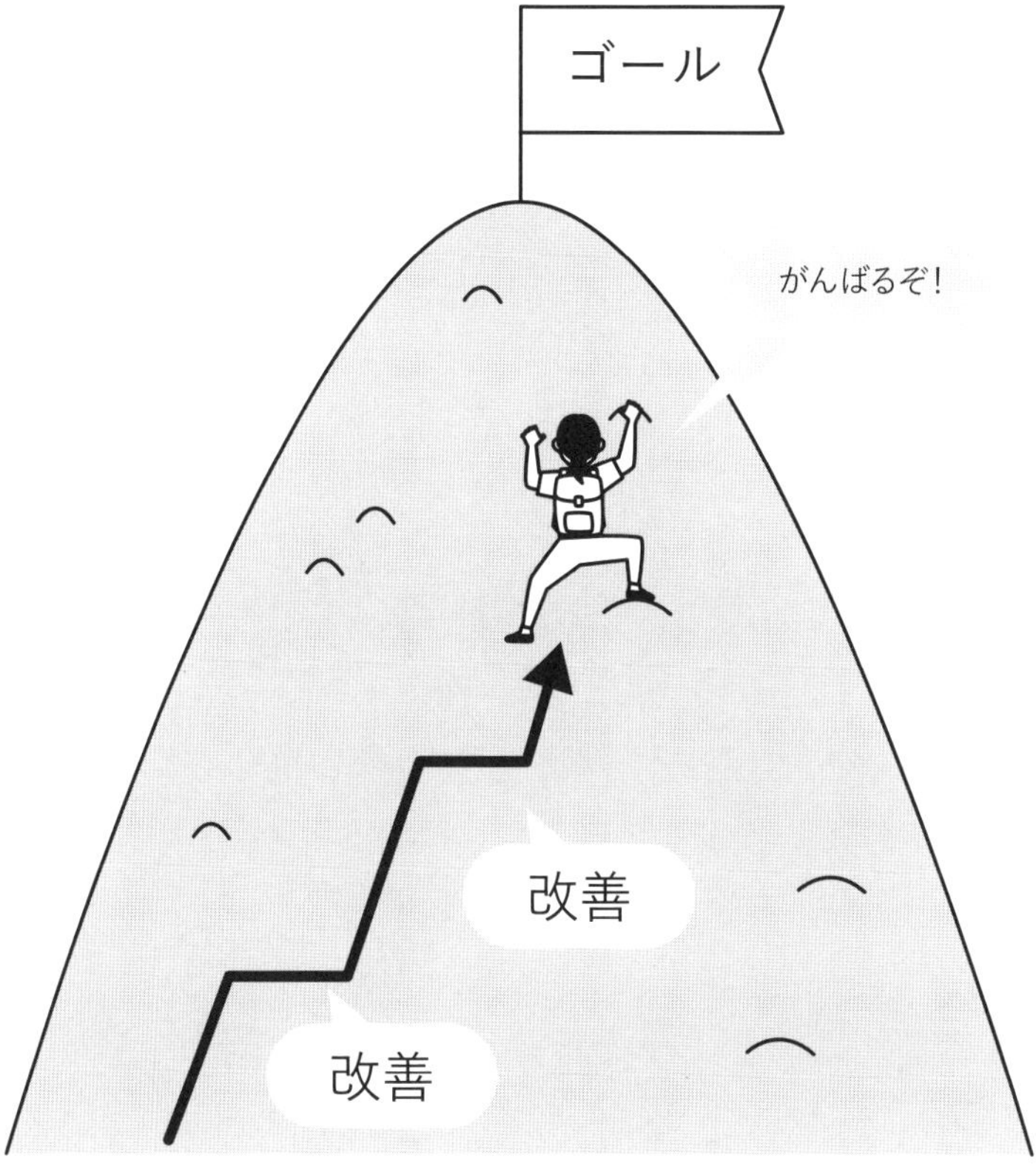

具体的行動

改善の成功要因は「やる気」と「行動力」。やるべきことはすぐに着手し、一歩一歩着実に改善していく継続性を大事にする。

096

改善のレベルアップ②

当事者意識が実行レベルを上げる

●自分ごととして取り組む

改善は実行レベルを上げながら進めていきますが、その気持ちを維持し続けることも大事です。そうではあるのですが、実際のところ、やる気や集中力を持続させることは簡単にはいかないものです。これは人の心の問題だからです。自分にとってどんなメリットがあるのかが見えていないとなかなかやる気は湧いてきません。ＰＤＣＡを回すことが自分の課題だと納得していないと能動的な気持ちになりません。

逆にいえば、**ＰＤＣＡを回すためには目標や計画を自分ごととしてとらえることが成功のカギ**ということです。単に自分の業務を改善するだけでなく、**自分のキャリア形成に役立つことであり、自分の生きがい、働きがいにつながると思えれば、人は自ら進んで課題に散り組むようになります**。

ＰＤＣＡを回し続けること、改善策に取り組むことは自分自身のことであり、その活動を通して自らのスキルを高めることができると強く意識することです。当事者意識を持つということです。このことは、チームや会社、顧客のためにもなるのだという使命感を育むことでもあります。

[実行のためのやる気を上げる思考法]

●真ん中思考

□当事者意識を持つ
□自分ごとで率先垂範

●プラス思考

□諦めない
□否定しない
□相手を活かす

●ステップ思考

□達成ストーリーの明確化
□達成方法の明確化

具体的行動

PDCAの諸活動は自分のスキルを上げるためなのだと当事者意識を持って臨むことで生きがいや働きがいが湧いてくる。

097

改善のレベルアップ③

時間管理力を上げれば、改善力は高まる

●時間管理力の磨き方

改善は、業務の効率化や生産性の向上を実現させる活動です。また、先にも述べましたが、改善は全く新しい試みにチャレンジすることよりも、これまで行ってきた業務を見直し、余分な負担を軽減しながらそれまで以上の成果を上げるために行います。

ワークライフバランスが多くの職場の課題である現在、いかに効率的に毎日の業務を行うかは働く人一人ひとりの課題でもあります。定時内で一定の成果を上げることはこれまで以上に強く求められることは間違いありません。それは、時間管理力を磨くことでもあります。

日々の業務のなかに改善活動も組み込むには一定の時間の確保が必要です。時間管理の方法は第3章でも解説していますが、**最も大事なことは就業時間内にやるべきことを列挙し、それぞれおおよその時間見積もりを行い、優先順位のメリハリを付けて対応していく**ことです。これが習慣になれば、最強の仕事力が身についたことになります。

1日の就業時間を8時間として、この8時間のなかで何をし、どんな成果を出すか。この意識を常に持つだけで時間管理力は向上していきます。

[時間管理3つのポイント]

①業務を効率よく遂行する

□すぐやる仕事と先送りする仕事を区分する
□意思決定の時間を早くする（早めのホウレンソウ、段取り）
□１日の終わり・週末・月末に翌日・週・月の仕事をイメージする
□メモすることを習慣にする（情報収集＆記録、アイデアや気づきの記録）
□机とパソコンを整理する（効率の良い作業環境をつくる）

②ムダな時間を排除する

□業務時間を記録する（ムダな業務は捨てる、まとめる）
□まとまった時間を確保する（集中期間は他の仕事を入れない）
□細切れ時間を発生させない（スキマ時間にできる業務を用意）
□移動時間を活用する（移動時間＝メール時間、情報収集時間）
□行動の単位時間を変える（30分を20分、60分を40分単位に）

③他者との関わり方を効率化する

□他者の能力やスピードを考慮して依頼する（得意なことを依頼）
□アポは取りやすい時間に配慮する（朝一番、ランチ後等）
□会議は予定時間内に終える
□社内メールの送受信に関するルールを決める（頻度、時間帯）
□会話しない時間帯をつくる（がんばるタイムの導入）

具体的行動

その日の仕事をはじめる前に、就業時間内で何ができ、どんな成果を出すかを決めることを習慣にし、時間管理力を磨く。

098

改善のレベルアップ④

チームの改善は「ヒト」ではなく「コト」

●チームでの改善の留意事項

ＰＤＣＡをチームで回していく場合はメンバー全員の認識合わせが前提です。**チームが一丸となって改善活動に取り組むためには、一人ひとりが検証結果を「ヒト」ではなく、「コト」の問題としてとらえる**ことです。

また、「ヒト」の問題がクローズアップされた場合でも、そのなかでの自分の責任を考えてみます。仮に、ある人に責任の８割があったとしても、自分や自分たちにできることが２割あったとすれば、特定の人にだけ責任を押しつけられません。自分にも問題の責任があるとして、問題を自分ごととして考えます。

同時に、組織全体に対する貢献意識も重要です。それには、ＰＤＣＡサイクルはチームを活性化するためのものであると認識します。

チームの一体感を醸成するためには、コミュニケーションの頻度と密度を高めていく必要があります。ＰＤＣＡサイクルを回している過程においては、進捗状況を報告し合う仕組みを取り入れるのもいいでしょう。取り組み内容を報告するだけでなく、取り組む意味合いや目的を共有できるようにしておくとなおよいです。

[チームの人間関係を悪くしないためのコミュニケーション術]

①ほめる技術

□メンバーが成果を出したらほめる（＝成果の承認）
□結果は出なくても頑張っていたらほめる（＝過程の承認）
□メンバーの人柄や長所をほめる（＝存在の承認）
□面と向かってほめにくいなら、
　他のメンバーや別の上司を通して伝えてもらう
　（直接ほめるよりも真実味が出て、効果が上がることも）

②しかる技術

□事実関係を確認して、まずい点を指摘する
□相手の言動を評価するのではなく、自分の感想を伝える
□相手の言い分を聞く。自分に対する指摘を真摯に聞く
□相手が指摘を受け入れやすい状況を選んで話す

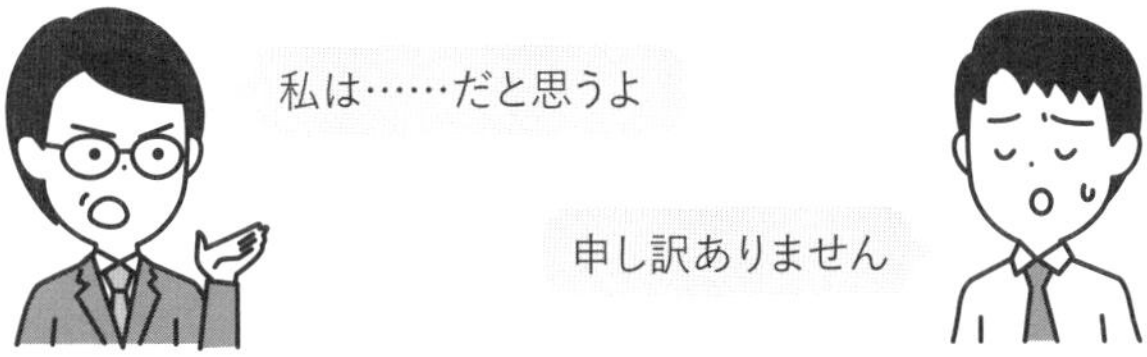

具体的行動

チームでの改善活動は進捗状況の相互確認ができる仕組みをつくり、それをもとにチームメンバーが協力し合う風土にする。

099

目標管理手法のOODAループ

先が読めない時代は走りながら意思決定する

●自ら判断し行動を促すツール

ＰＤＣＡサイクルとよく比較されるフレームワークに「ＯＯＤＡループ」があります。

PDCAサイクルが計画的に目標を遂行していくツールであるのに対し、OODAループはその場の状況を判断して即座に実行を促すためのツールです。

ＯＯＤＡループは戦場での航空戦に使える意思決定法として生み出されました。開発者の航空戦術家ジョン・ボイド氏は、航空戦でパイロットが瞬時に意思決定できる手法を自身の経験から考えた結果、**「Observe（状況観察）」「Orient（方向づけ）」「Decide（意思決定）」「Act（即時実行）」のプロセスを瞬時に行うこと**を提唱しました。

ＶＵＣＡの時代といわれる現在のビジネスシーンにおいて、意思決定をすぐに行い実行し、問題が発生すれば修正を加えながらＯＯＤＡループを回していくことで現実的な対応ができるものとして、新規事業開発やテック産業のプロダクト開発などに活用されています。

基本的に意思決定を個人に委ねるので自立的な仕事に向いた手法であり、チームで目標を追いかけるＰＤＣＡを補完するツールとして活用できます。

[OODA（ウーダ）ループを回す]

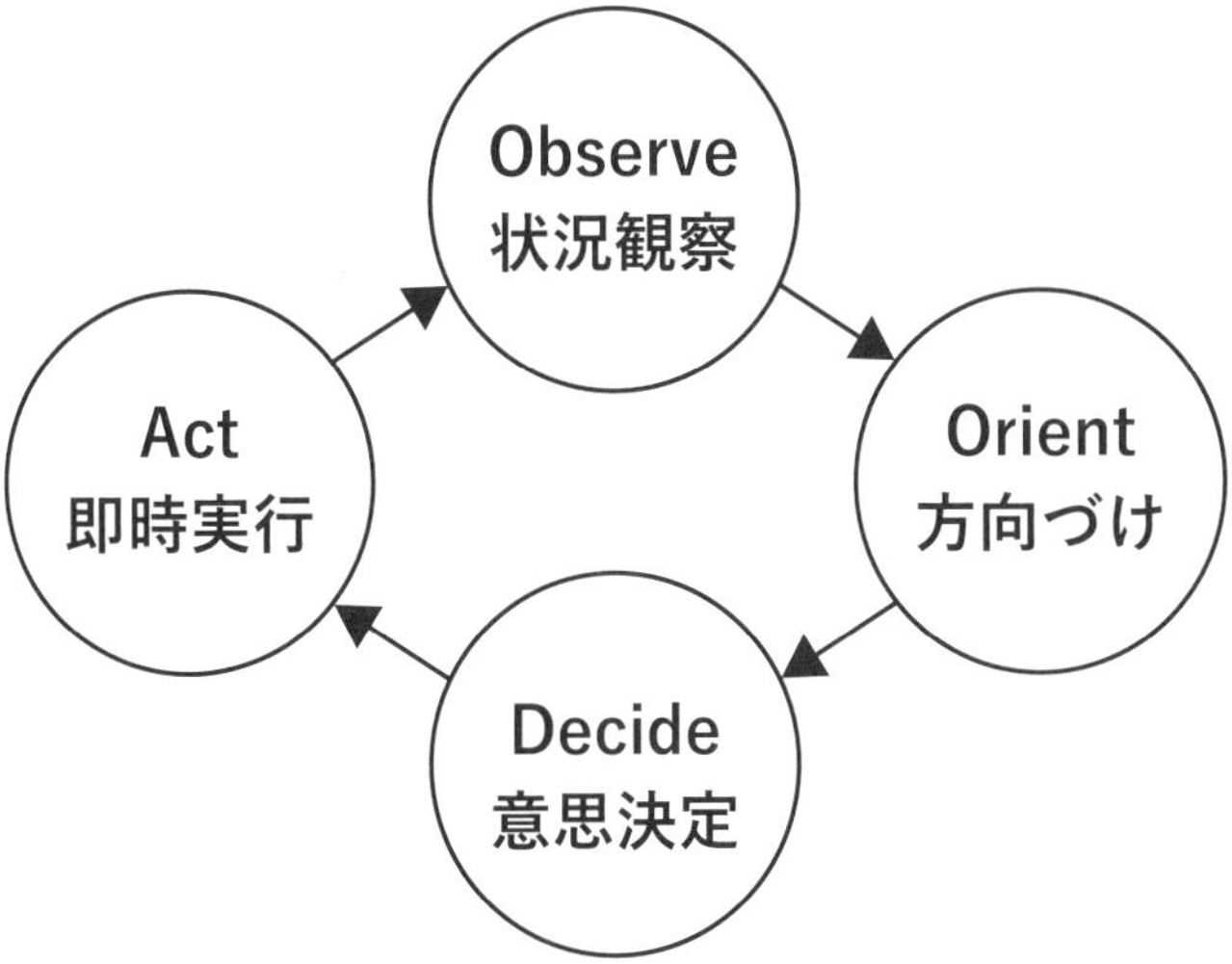

ステップ1：状況観察　自社・競合・顧客の現状の課題を把握する
ステップ2：方向づけ　現状分析の結果から何をするか、方向性を考える
ステップ3：意思決定　その方向性に向けて何を実行するかを決める
ステップ4：即時実行　やることが決まったらすぐに実行する

OODA ループ　→ **意思決定モデル**
PDCA サイクル→ **業務改善モデル**

具体的行動

臨機応変かつ瞬時に意思決定が求められる場面でOODAループを活用し、PDCAと合わせて運用する

100

目標管理手法のOKR

会社と個人の目標のリンクで仕事の意義がわかる

●目標管理サイクルを短く回す

グーグルやフェイスブックといったシリコンバレーのテック企業が導入して成果を上げたことで広く知られるようになった目標管理手法が「ＯＫＲ」です。目標と主要な管理指標（Objectives and Key Results）の頭文字から名付けられました。**全社目標を部門や個人の目標と整合性を取ることで、組織全体が同じ方向に向かうことのメリットのほか、1カ月や四半期単位といった短いサイクルで目標設定・進捗確認・評価を行うことで目標達成が着実に果たせられる**ようになります。

また、**管理者とメンバーの1on 1ミーティングが臨機応変に行われるようになり、コミュニケーション向上のためにも良い手法**だとされています。

実施方法もシンプルです。まず、ＯＫＲの条件設定を行います。目標(Objectives)は「チームとして実現可能」「明確な期限」「70～80％の達成度」、成果指標（Key Results）は「定量評価できるもの」「客観的評価ができるもの」「難易度は高いが達成不可能ではないもの」、全社目標を見据えながらチームと個人はこれらの条件を満たす目標を設定します。通常、成果指標は３～４つ程度を設定します。

[OKRで目標管理してみよう！]

OKR(Objectives and Key Results)とは

米インテル社から生まれ、シリコンバレーの有名企業で
採用されている目標設定・管理ツール

[OKR の特徴]

1. 全社目標をすべての従業員が共通のものとして捉えることで、組織が同じ方向を向き、部門や個人が明確な優先順位を意識しながら計画をすすめることができる
2. MBO（目標管理制度）が報酬を決定するものであるのに対し、OKRは報酬には直接結び付けないことで生産性向上のためのツールとして機能する

[OKR の導入メリット]

1. 目標を全社的に共有化することでやるべきことが明確になる
   例）「それはOKRに沿っているのか？」と誰もが確認しやすい
2. コミュニケーションが活発化する
   例）進捗状況の迅速な確認により対話が増える
3. 生産性が向上する
   例）報酬のための評価ではないので、目標に対してやる気と責任をもって進められる

[O（目標）と KR（管理指標）を決めるポイント]

[Objectives]
・定性的なもの（定量的にしない）
・やる気を引き出す挑戦的な目標
・四半期程度で達成できるもの

[Key Results]
・数値で検証できるもの
・平均3つ程度（2～5つの範囲）
・困難ではないが簡単でもないストレッチ目標
・達成度は60～70％が合格ライン

具体的行動

まずOKRの特徴を理解し、現在の組織に導入するとどんなメリットがあり、一方でどんな課題があるかを考えてみる。

おわりに

いまや「ＰＤＣＡ」は目標管理や業務改善を計画的に行うためには欠かせないツールです。この手法が提唱されたのは１９５０年代のことです。米国の統計学者ウイリアム・エドワード・デミング博士とウォルター・シューハート博士のふたりが品質管理の研究から生み出しました。目標を数値で決めて、設定した期間内で成果を出すことができることから、品質管理の分野から目標管理のマネジメント手法として広がっていったのです。

その効果が認められながら、実際にＰＤＣＡを回そうとしてもうまくいかない、ＰＤＣＡを導入したものの当初の計画どおりの結果が出ないという声もよく聞くところです。

ＰＤＣＡがうまく回らない理由、それはＰＤＣＡの考え方は理解するものの、計画倒れで終わったり、計画と実行まではできたものの、実行したことに満足して検証と改善を十分に行わなかったことなど、運用面に問題があることが多いようです。

この問題を解消するには、ＰＤＣＡを回すコツを押さえ、実際に１つずつ試してみることです。

そのために本書では、ＰＤＣＡを使い倒すための法則を１００項目選び、具体的な活用ポイントを図解で解説しました。

そしてＰＤＣＡの手法をより良く運用するための仕事術を散りばめました。これをうまく活用していただければ、ＰＤＣＡの回し方だけでなく、結果を出すために必要な日常的な仕事スキルも身につくはずです。

本書「はじめに」でも触れたように、新型コロナ感染症の影響によりリモートワークが浸透しています。また、働き方改革のトレンドのなか、新型コロナ以前は当たり前だったビジネス様式が変わろうとしています。

本書が、そうした環境変化に負けず、目標達成のために頑張る皆さんにとって、１つでも役立つものがあることを願っています。

２０２１（令和３）年５月

鹿野　和彦

鹿野 和彦（かの かずひこ）
コンテンツ開発事業・コンサルティング事業・教育事業等を展開する株式会社アプレ コミュニケーションズ代表取締役。早稲田大学教育学部卒。ビジネス書等の執筆のほか、大学などの教育機関においてリーダー育成、組織活性化などの研修講師を務める。編著者として『Cからはじめる PDCA』『手帳でやり抜く力を身につける 最強の PDCA 手帳術』（ともに日本能率協会マネジメントセンター）のほか、社会人教育の学習テキスト等で PDCA の解説を行う。PDCA を実践した働き方が信条。

結果を出す人のPDCA100の法則

2021 年 5 月 30 日　初版第 1 刷発行

著　者——鹿野 和彦
発行者——張 士洛
発行所——日本能率協会マネジメントセンター
〒 103-6009 東京都中央区日本橋 2-7-1　東京日本橋タワー
TEL 03(6362)4339(編集)／03(6362)4558(販売)
FAX 03(3272)8128(編集)／03(3272)8127(販売)
https://www.jmam.co.jp/

装　丁——冨澤 崇（EBranch）
本文 DTP——株式会社アプレ コミュニケーションズ
編集協力——根本 浩美
印刷所——広研印刷株式会社
製本所——ナショナル製本協同組合

ISBN 978-4-8207-2902-0　C2034
落丁・乱丁はおとりかえします。
PRINTED IN JAPAN